シリーズ・日本語のしくみを探る 4

日本語学のしくみ

町田 健 編

加藤重広 著

研究社

編者のことば

日本語および日本語教育に対する関心の高まりとともに、日本語のしくみそのものを深く追求しようという試みも、これまでにも増してさかんに行われるようになりました。従来の日本語研究は、どちらかと言えば日本語の歴史に重点が置かれる傾向にありましたし、現代日本語についても、英語をはじめとする欧米の諸言語をもとにして開発された考え方を、そのまま日本語に当てはめようとする姿勢が強かったことは否めません。

しかし最近では、言語学や情報科学の進展に伴って、人間が使っていることばとは一体どんな性質をもつものであって、そのような性質が日本語という個別の言語にどんな形で現れているのかという、一般的な視点からの分析が行われるようになりつつあります。このような見方は、日本語の特殊性をいたずらに強調したり、逆に欧米の言語だけからことばの一般性を引き出してそれを日本語に対して無批判に適用したりするという、人間のことばの本質を無視した方法を鋭く批判するものでもあります。そしてそのことによって、人間のことばとしての日本語の正体がより鮮明に浮かび上がってくることが期待されるのです。

本シリーズは、人間のことばの一員としての日本語という視点から、これまで行われてきた諸研究とはひと味違った、しかしより高度で普遍的な立場から日本語のしくみを考えた結果を紹介するものです。日本語がもっていることばとしての普遍性と個別性の両方を知ることによって、これからの日本語研究と日本語教育に対して新たな視座が提供されるものと信じます。

はしがき

日本語学の城へようこそ。これから私たちは日本語学の城へと探検に出かけます。なかには魔物が潜んでいる部屋もあるでしょうし、もしかしたら目もくらむような宝物を発見することができるかもしれません。この城のなかには、いろんな部屋があります。何度でも行ってみたいと思う楽しい部屋、神秘的で謎にみちた部屋、真っ暗でいったい何があるのかわからないような部屋、たくさんの人が集まってにぎやかに話をしている部屋、逆にあんまり人が来ないためクモの巣だらけになっている部屋、もしかしたら、二度と行きたくないような恐い部屋もあるかもしれません。

私は、この「日本語学」城の案内役ですが、実はすべての部屋をすみからすみまで知っているわけではありません。なにしろ、鍵が見つからなくてドアが開かない部屋やこれまで誰一人足を踏み入れたことのない部屋もあるのです。私がこれからひととおりご案内しますが、そのあとは、みなさんの自由です。楽しいと思う部屋にずっといてもいいですし、人が足を踏み入れない奥のほうまで探検を続けてもいいですし、もう一度あちこち見て回ってもいいと思います。このお城はだいたい分かったからいいや、と、外に出て、別の城へ向かう人もいるかもしれません。

これから私が案内するルートは、これまでの一般的なルートとは少し違います。普通なら通らないルートを通ったり、たいていは前を通り過ぎるだけの部屋にも入りこんだりします。今までの日本語学や国語学の概説書は、どの章を読んでも歴史に重点が置かれていたり、あるいは、逆に、歴史的なことはまったく除外してあって、もっぱら現代日本語だけを扱っているということもありました。歴史に重点のある探検ツアーに参加したお客さんのなかには「かび臭いツアーだったなあ」などと言う人がいましたし、現代日本語だけのツアーに参加した人からは「ずいぶん重みがなくて、重箱のすみをつつくような話ばかりだなあ」と言われたりしました。もちろん、多少かび臭さがあっても、ことばの歴史を研究することは重要ですし、一見重箱のすみをつついているように見えることが本質に関わる重大な議論であることもあるのですが、なかなかそこまで理解してもらうのは大変なことです。

城の各部屋の住人たち（たいていは日本語学者や国語学者あるいは言語学者などです）が、自分たちの探検の成果を見せようとしすぎたせいで、ツアーの参加者から不満が出たということなのではないか、と私は思いました。実は、今作業している最中で、はっきり結果が出ていないようなことにも、面白いことや楽しいことがありますし、また、作業にかかってもいない段階だけれども面白そうなことだってあるのです。作業中の部屋のなかには、なかなか結論が出そうにない、ややこしい問題の部屋や、日本語ということばの問題を離れて考えてみないといけないような部屋も含まれています。私が案内するルートには、そういう工事中の部屋や、設計図の段階でみんなが頭を抱えてしまった部屋も、楽しい部屋も、深刻な部屋も、とにかくいろいろあります。ただし、ひととおり読んでもらえば、あとはみなさんがガイドなしで一人で探検に行っても迷わないようになるはずだと強く信じています。

私は、日本語も含めてことばの研究は面白いと本気で思っています。また、日本語を母語とする人や日本語を勉強する人は、日本語そのものについてある程度科学的な知識をもっておくべきだとも考えています。母語についての科学的な知識は外国語を学ぶ際にも役に立ちます。また、偏見をもたずにさまざまなことを理解する上でも重要な意味をもちます。差別や偏見は無知の上にはびこることが多いものなのです。

その昔、地球上のすべての人たちが自由にいろんな場所に行き、ことばで苦労せずに自由に交流できる未来社会を思い描いていた時期がありました。しかし、二十一世紀になった今、むしろ、ことばの壁はほかの障壁がなくなったり低くなったりした分、目立っているように思えます。ことばの壁を崩すことはそうたやすいことではありませんし、取り払うことがかえって重大な結果を招くこともあります。私たちは、その壁を乗り越える跳躍力を身につけなければならないと思うのです。日本語を客観的に見るための知識は、跳躍力をいくぶんなりとも高めてくるはずです。

敬愛する先輩である町田健氏のすすめでこの本を書くことになりました。私がことばについて勉強を始めた十数年前、町田さんはわれらが研究室の助手で、すでに気鋭の言語学者でしたが、後輩たちから見ると、いろんなことをよく知っていて気軽に話せる、心やさしき先輩でありました。以来、いろいろな形でお世話になってきました。

また、さまざまにお世話してくださり、的確な指示を出してくださった研究社の佐藤陽二さんがいらっしゃらなければ、本書は仕上がらなかったでしょう。心から感謝申し上げます。

二〇〇一年盛夏　加藤重広

目次

CONTENTS

第一章
外から見る日本語

Q1 日本語は世界的に見て「変わった言語」なんですか?

日本語は「変わった言語だ」と考える日本人は少なくないと思いますが、客観的に見て日本語が変わっているという証拠はありません。逆に、言語として科学的に分析すると「変わっていない」と考えたほうがむしろよさそうなのです。世界中には、数千★の言語があるといわれていますが、それらをタイプ★別に分けることで、それぞれの言語の特徴が見えてきます。そうすれば、思い違いや思いこみも正すことができるかもしれません。

主語がないから非論理的?

英語の勉強をするときに、「英語は主語があるから論理的で、日本語は主語がないことがあるから非論理的だ」と先生に言われた経験はありませんか。私は中学や高校の英語の時間によく聞いたような気がしますし、自分が英語を教えたときもなんだかそういうことを口走ったような気がします。ある要素が一方にあってもう一方にないと、なんだか、ないほうが悪いように考えがちですが、これは必ずしも正しくありません。

例えば、英語のほかドイツ語やフランス語は原則として主語が必ずありますが、イタリア語やスペイン語は、動詞★の形で主語が分かる場合には、主語を出さなくてもいい言語です。事情は違いますが、日本語や朝鮮語もまあ同じですね。すべての文に主語があ

★「言語」と「方言」をどう区別するのか、似ていても国が違えば別の言語か、などいくつか問題があって、言語の数を数えるのは難しいのですが、少なく見積もっても三千程度、多ければ五千から六千以上の言語があるといわれています。

★このようにいろいろな言語をタイプ別に分けて分類する領域は「言語類型論」と呼びます。

★「分かる」といっても、何人称かと単数か複数かが分かるだけです。三人称単数といっても具体的に誰なのかまでは分かりません。でも、これは英語でheとかsheと言う場合だって同じことで、結局、文脈などの助けを借りて初めて分かるものなのです。

る言語は、「いい天気だ」とか「寒いよ」とか「暗いなあ」とか「三時です」のように主語★がなくても成立するような文でも、主語をむりやりつけることになります。英語やフランス語なら it や il という代名詞を強引に使います。It rains. の it は「天候の it」と言われても、具体的に何をさしているのか分かりませんし、it を the weather とか the sky にできるわけじゃないですし、この it は主語が要るからむりやり置いていると説明するのが実態に最も近いということですね。

つまり、主語があれば必ず論理的でちゃんとしているとか、主語を出さないことがあれば論理的でなくていいかげんだとか、別にそういうことはまったくないんです。主語を出さない言語は、出さなくても主語が分かるしくみが備わっているから出さないわけです。英語を勉強すると日本語は主語が分からないからあいまいだと感じるかもしれませんが、普段日本語を話していて「不便だなあ、主語がなくて」と思ったことのある人はいないいんじゃないでしょうか。

例えば、「恐がってるぞ」と言うときは、「私(たち)」は主語にはなりません。「私」の感覚や判断であれば「恐い」という形容詞を使うからです。「恐がる」という動詞は、「私」以外、特に第三者に使うのが普通です。相手(二人称)に言うときも、「君は恐いのか」と疑問にしたりしますね。「君は恐い」と断言すると変ですが、これは相手の気持ちは相手にしか分からないからです。英語でも命令法のときは主語がありませんが、主語がなくても分かるからです。日本語の場合、「恐いよ」「恐いの?」「恐がってるよ」だ

★「主語がなくてもいい」というのは分かりにくいかもしれません。「いい天気だ」と言うときは「気候が」あるいは「天候が」が主語に思えるかもしれませんが、日本語でもいちいち言わないですね。ちなみに、「今日はいい天気だ」と言う場合でも、「今日は」は時間を表していて、主語ではありません。

けで、「私は恐いよ」「あなたは恐いの？」「あいつ、恐がってるよ」のように、ある程度主語が推測可能ですね。だから、私たちは別に困らないわけだし、それで日本語が非論理的だということにもならないわけです。

日本語はコーチャクゴ

世界中の言語を分類する方法はいくつかありますが、伝統的な分類法では、日本語は「膠着語★」だと言われています。ここから「ぐちゃぐちゃしている」とか「べたべたしている」とか「湿っている」とか、いろいろ悪いイメージが出てきたのかもしれませんね。膠着語と言われる言語は、日本語以外に朝鮮語やモンゴル語、トルコ語、ハンガリー語、フィンランド語などがあります。この分類では、膠着語以外に、ギリシア語やラテン語をはじめとする、ヨーロッパの多くの言語を含む屈折語と、中国語やタイ語などを典型とする孤立語、アイヌ語やエスキモー語などを含む抱合語と、四種類に分けるのが普通です。膠着語というのは、単語の後ろにいろんな要素がくっついていくものだと考えてもらえばいいでしょう。「眠る」という動詞を例にとって見てみましょう。

〈基本形〉　眠る
〈基本形＋使役〉　眠らせる
〈基本形＋使役＋受け身〉　眠らせられる

★「膠着」とは、「にかわ(膠)でべたっとくっついている」というイメージです。「膠着」ということばは「膠着状態」とか、あまりいい意味には使いません。ちなみに「にかわ」とは、動物の皮や内臓などを煮てつくったゼラチン質の物質で、かつて接着剤などとして用いられていました。

これは、動詞の後ろに使役の要素や受け身の要素がくっついているわけですが、順番もちゃんと決まっているので、「眠らせられる」を「*眠られさせる★」と言うことはできません。膠着語とは、こういうふうに単語（の語幹）に付属的な要素をいろいろとくっつけていく言語です。フランス語やロシア語の動詞は語尾が活用しますが、一つの単語の内部で起こっている変化だとみなされます。これらは屈折語ということになりますが、まあ、シッポがくねくねと曲がって、「過去」だの「三人称単数」だの、いろいろと表すというイメージです。これに対して、日本語などの膠着語は語幹というベースになる部分に「使役」だの「受け身」だの「過去」だのといろんなパーツを接着剤でくっつけているというイメージです。このイメージは、境目のないほうが上等な言語だという偏見とともに語られることもありますが、もちろん、それは西洋語中心の見方で、日本語からするとはなはだ迷惑といわざるをえません。

日本語については、《動詞★＋使役＋受け身＋アスペクト＋否定＋タ＋モダリティ＋丁寧》のような順番で要素がくっついていきますが、これはおおまかな原則でありまして、場合によっては別の順序にしなければならないこともあります。さっきの「眠る」だと、「眠る＋せる＋られる＋ている＋ない＋た＋らしい＋です」とくっつけていくと、「眠らせられていなかったらしいです」のようになります。これが膠着語らしい性質だといわれているわけです。

★「眠られさせる」の最初についている「*」の記号は、「アステリスク」などと呼びますが、「文が不適格である」、つまり、間違っているということを示しています。まあ、「間違い」をどう決めるかとか、誰が決めるかとか、微妙なケースはどうするかとか、いろいろ問題はあるんですが。

★「アスペクト（相）」と「モダリティ（法）」は、「…しているらしい」のテイルをアスペクト、ラシイをモダリティだと思って考えていただければここでは十分です。

屈折語

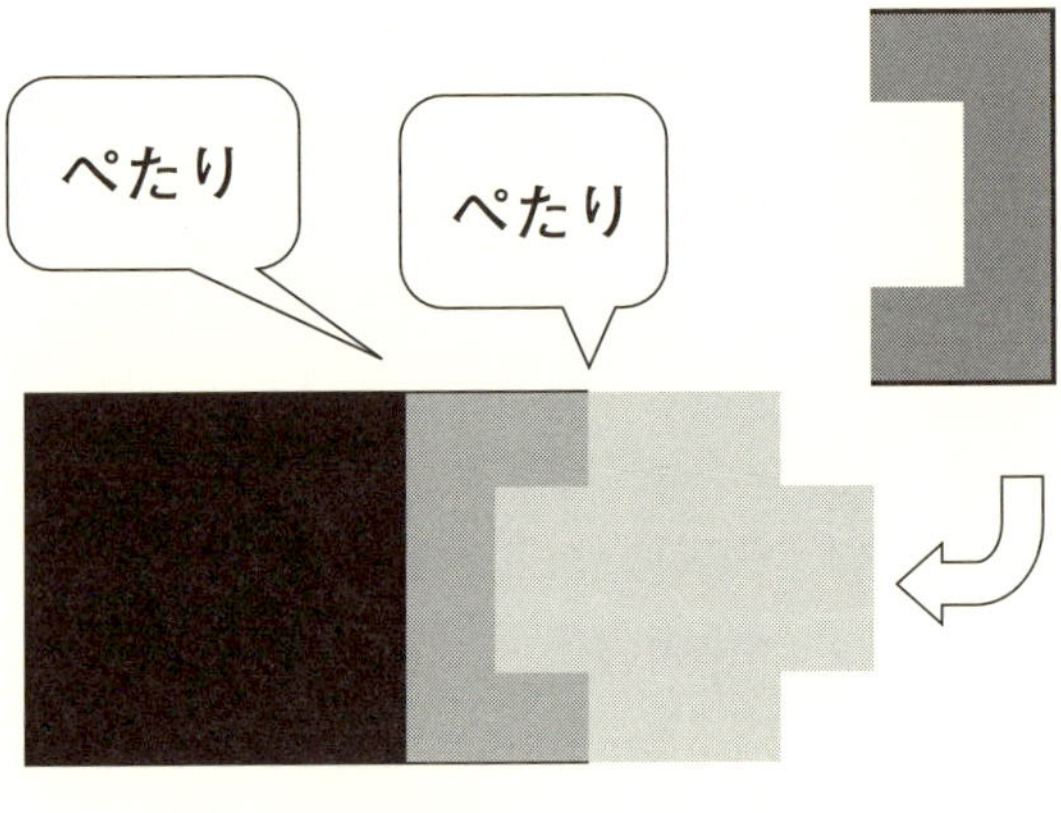

膠着語

「動詞は最後」という語順

その昔、役所の広報カーが「一丁目、三丁目、五丁目、八丁目…」とずっと列挙していって「…は断水しません」と言ったので、自分は関係がないと思って聞いていた人が「えっ？ うちは断水するのか」と急にあわてたという話がありました。「断水するか、しないか」という大事な情報を最後に言うなんてひどいと思ったんですね。それで、「こ

れだから日本語はだめだ」と主張した困った人もいたのですが、「断水する地域をお知らせします。断水地域は、一丁目…」のように言えばいいので、別に日本語がだめということにはなりません。ただ、このことは「日本語では動詞(を含む述部)が必ず文の最後に来る」ことを示しています。

「浩志が肉まんを食べる」という文は、「浩志が」と「肉まんを」は入れ替え可能ですが、倒置という特殊な文にしないかぎり、動詞は必ず文のおしまいになければなりません。英語は、主語の後ろが述語ですが、間に副詞が入ることもありますね。倒置でないかぎり、日本語は述語の後ろに、別の要素がきたりしませんから、ある意味でもっとも分かりやすいといえるでしょう。

述語をV、主語をS、目的語をOで表すと、「浩志が肉まんを食べる」はSOVという順番ですね。日本語ではOSVという語順にもできるわけですが、SOVが標準の語順だといえます。英語は、中学高校で習うとおりSVOが標準の語順です。フランス語やドイツ語などヨーロッパ系の言語もSVOが多いですね。★ただ、語順は場合によっては変わったり、変えてもかまわないということが結構あります。つまり、同じSVOでも「ゆるいSVO」と「厳格なSVO」があるわけです。日本語は、Vは最後に置きますが、まあ「ゆるいSOV」といえます。

このSとVとOの語順は、数学でいう順列で考えればいいので六とおりの並べ方がありますが、英語はSVO型、日本語はSOV型として、標準の語順で区別して

★英語は倒置でなければSVOを貫きますが、フランス語やドイツ語はそうでもありません。「ジュ・テーム(Je t'aime)」は「私はあなたを愛する」の意味ですが、語順はSOVになっています。ドイツ語の従属節でもSOVが見られます。

いくと、実は半分近くの言語が日本語と同じＳＯＶになります。英語と同じＳＶＯになるのは全体の三分の一程度ですから、実は日本語式の語順は珍しくないどころか、むしろありふれたものだといえます。★

日本語にはコウチシがある

日本語にはコウチシがあります。コウチシといっても、「高知市」のことではなくて、「後置詞」のことです。「日本語に後置詞なんてあるの」と思われるかもしれませんが、「が」「を」「から」「まで」などの助詞は、名詞の後ろに置きますから、まさに「後置詞」なのです。例えば、「から」は英語の from と意味や機能が近いわけですが、英語は名詞の前に置くから前置詞で、日本語は後置詞です。実は、これは偶然ではなく、語順と関係があるのです。英語はＳＶＯ型の言語ですが、ＳＶＯ型では前置詞を使うことが多く、日本語と同じＳＯＶ型では後置詞を使うことが多いということが分かっています。

「モン・ブラン」★という山がありますね。これは本来フランス語で「白い山」という意味ですが、「モン」(mont)が「山」、「ブラン」(blanc)が「白い」ということで、語順だけを見れば「山・白い」、つまり、《名詞＋形容詞》という順番です。日本語は逆で、《形容詞＋名詞》という順番です。英語は日本語と同じですが、世界中の言語を見ると形容詞が名詞の後ろにあるということも珍しくないんです。英語と日本語しか見ていないと、形容詞が前にあるのがあたりまえに思えますが、そんなことはありません。

★ＯＳＶとＯＶＳの語順が標準の言語は非常に少ないことが知られています。このほかに英語とも日本語とも違うＶＳＯ型が一割くらいあります。

★フランスとイタリアの国境にある山です。ちなみに、栗やマロンケーキとはもともと何の関係もありません。

日本語は「AのB」と言うときも、修飾する「Aの」が前にきます。英語は、所有格を使わなければ、B of A のように修飾する of A が後ろに回ります。英語みたいに前置詞のある言語は後ろに回ることが多いんです。逆に、日本語など後置詞を使う言語は、前に置くわけですね。

それから、「私が昨日駅で会った友人」のような表現をするとき、英語などでは関係代名詞を使います。関係詞を使う場合、「友人」とまず言っておいて、関係詞でつないで「私が昨日駅で会った」という文を置くわけです。英語は、修飾される名詞が、まあ「先行詞」と言うくらいですから、先に出てきて、修飾する文(これは「関係節」と言います)があとにきます。この《先行詞+関係節》という順番は、ヨーロッパの主な言語でもだいたい同じです。日本語は、順番でいえば《関係節+先行詞★》ということになりますね。実は、前置詞を使う言語は、英語式で関係節が後ろに来ることが多くて、日本語のように後置詞を使う言語は関係節が前に出てくることが多いんです。語順との相関関係をまとめると、次のページの表のような傾向があります。

前者の SVO 型の典型はイタリア語などのヨーロッパの言語で、後者の典型が日本語というわけです。英語は、前者ですが、形容詞は名詞の前に置きますから、その点では一致していませんね。日本語は、いずれも一致している「SOV 型のなかの SOV 型言語」と言えます。

★「先じゃなくて、あとに来るんだから、先行詞じゃないでしょ!」と思った人もいるでしょう。なかなかいいツッコミです。確かに、厳密にいえば「先行詞」ではありません。実は、「後行詞」ということばもあるんです。ただ、一般には「主要名詞」とか「主名詞」と呼ぶことが多いようです。

SVO 型言語	SOV 型言語
前置詞を使う	後置詞を使う
名詞＋ 形容詞の順	形容詞＋ 名詞の順
「B of A」の順	「A の B」の順
先行詞 ＋関係節の順	関係節＋ 先行詞の順

形容詞は動詞型？

しばらく前の英文法を調べてみると、「形容詞」が存在していないことがあります。形容詞がないと困るだろうと心配になるかもしれませんが、なんのことはありません。昔は、形容詞という品詞を考えないで、形容詞も名詞の一種と見るのが普通だったのです。ヨーロッパの言語は、名詞も形容詞も活用しますが、活用のしくみがいっしょなので、区別しにくかったのでした。英語でも This is . . . ときたら、次にくるものはたいてい名詞か形容詞です。つまり、形容詞は名詞と同じところに出てくることがあるわけで、名詞に近いというか、名詞型の形容詞をもっているということですね。

★動詞でも現在分詞や過去分詞は、はたらきの上では形容詞に近いのです。

日本語はどうかというと、連用形とか仮定形とか活用があるのは、形容詞と動詞です。つまり、形容詞は動詞に近いというか、動詞型なんですね。形容詞と動詞は、用言に含まれますが、活用などで見ると名詞は体言であって、形容詞とは異なる種類になっているわけです。英語をはじめとするヨーロッパの言語の多くは、名詞型の形容詞をもっています。これに対して、日本語は動詞型の形容詞をもっているわけです。英語の形容詞に過去形はありませんが、日本語の場合は「おいしい」に対して「おいしかった」という形があります。言語によっては、そもそも形容詞という品詞を同じように捉えるわけにはいかなくて、動詞型とか名詞型とか、簡単にいえない場合もあるのですが、大まかに区別する基準にはなっています。

いろいろと見てみると、日本語が「変わっている」と言うべきところは見当たりません。もちろん、ヨーロッパ型の言語との違いはたくさんあります。でも、非ヨーロッパ型の言語としてはきわめて標準的というか、ありふれた性質をもっているというべきでしょう。「変わっている」というよりは、「普通すぎるほどに普通」だと思えばいいと思いますよ。

★日本語には形容動詞もあるんですが、形容動詞を認めないという考え方もあるし、ここでは、話がややこしくなるので、除外して考えておくことにします。

Q2 日本語は難しいことばだと聞きましたが、本当ですか？

「日本語は難しいことばだ」と思っている日本人は多いかもしれません。しかし、「難しい」かどうかの判断を下すのは難しいのです。「日本語は難しい」という場合、日本語以外を母語★とする人が外国語として日本語を学ぶ場合を想定していると思いますが、これは、その人の母語がどの言語かによって違うので、一概に難しさを決めることはできません。例えば、漢字を用いる文化の場合、漢字の字体や発音や意味が違うことはありますが、一から漢字を覚える必要はありませんね。しかし、非漢字文化圏の出身なら、「山」や「川」といった簡単な漢字から覚えなければいけません。また、朝鮮語は日本語の語順と大変似た語順ですから、語順そのものはあまり気にしなくてもいいわけですが、日本語と語順が違う言語の場合は、単語の配列から覚えなければいけないので大変です。

文字体系は他に例を見ない

英語などかなりの言語がa、b、c…のアルファベット★を使っています。ロシア語はキリル文字を、アラビア語はアラビア文字を、タイ語はタイ文字を、朝鮮語ではハングル文字を使っています。日本語の文字は、ご存知のとおり、ひらがなとカタカナです。漢字は、まあ、借りて使っているということになりますね。

★日本語以外を母語にする人とは、ごく一般的には外国人ということになると思いますが、日本国籍じゃなくても日本で育って日本の学校に通ったために日本語が最も得意という人もいますし、国籍上は日本人だけど英米圏に長くいたので英語が母語という人もいるでしょう。このように、「国」を考えるとややこしくなるので、今では「母国語」と言わずに「母語」と言うのが普通なのです。

★正確には「ラテン文字」と言います。日本語では「ローマ字」と言っていますが。

固有の文字、つまり自前で用意した文字を使っている言語は思うほど多くありません。日本語を母語にしている人が、ロシア語やタイ語や朝鮮語を学ぶときは、まず文字を学ぶ必要があります。一方、フランス語やインドネシア語やスワヒリ語を学ぶときは、発音や表記法を学ぶ必要はありますが、文字を一から学ぶ必要はありません。これらは、ラテン文字(ローマ字)を使っているからです。文字を一から学ぶ場合、学習者の負担は大きくなります。その意味では、日本語のひらがなとカタカナは日本語でしか使いませんから、日本語は文字を一から学ばなければいけない言語で、学習者にとって負担の大きい言語です。さらに漢字も覚えないといけないとなると、ハードルがかなり高いとはいえるでしょう。

しかも、日本語の文字は、他に例を見ない特徴があるのです。通常の日本語には、ひらがな・カタカナ・漢字が使われており、これにローマ字(ラテン文字)や算用数字(アラビア数字)が加わっていることも少なくありません。つまり、常に最低三種類の文字を使い分けているわけで、こういう言語は世界広しといえども見当たりません。朝鮮語は、ハングル文字と漢字を混ぜて使うことがありますが、それでも二種類です。この本もそうですが、今では多くの文書に数字やアルファベットが登場しますから、五種類の文字が使われるのが普通という状況です。

ただし、ひらがなやカタカナのような音節文字そのものはごく普通の文字です。ヨーロッパの言語を勉強すると、子音と母音をばらばらにして綴るのが一般的で、日本語の

★実は、アイヌ語を表記するときに、カナを使うことがありますから、厳密には「日本語だけ」とはいえないのですが…。

★ちなみにアメリカの外交官の外国語学習の難易では、日本語は、朝鮮語・中国語・アラビア語とともに最も難度の高い言語になっているそうです。

かなは珍しいと考えてしまうかもしれませんが、そんなことはありません。

母音と子音はごく普通

日本語の音声を見てみると、難しいというべき要素はあまり見当たりません。音の種類も多いとはいえません。母音は「アイウエオ」の五母音ですが、これは、一般的な母音の体系で、どちらかというと少なめだといえます。三母音という言語もありますが、五つよりも多い母音を使う言語は少なくありません。英語やフランス語や中国語や朝鮮語と比べても少ないですから、母音については、日本語の発音は難しくないといっていいでしょう。

子音の数は母音に比べるとかなり多いですね。カガサザタダナハパバマヤラワという各行の子音だけを数えれば十四個ということになりそうですが、実はそれほど単純ではありません。中学で英語を学び始めたときに、英語では she と see が区別されていることを知りますよね。日本語の「シ」は she の子音に近いのですが、サ行に入っているわけです。全部同じ s の音で言うと「シ」ではなく、see の音に近いものになります。「スィ」とでも書けばいいでしょうか。つまり、「サ・スィ・ス・セ・ソ」と「シャ・シ・シュ・シェ・ショ」の二つがあるということで、サ行に二つの子音が用いられているということができます。同じようなことが、ほかの行にもいえます。タ行・ダ行・ザ行・ハ行は三つの子音に分けたほうがよさそうです。ちょっと、タ行を表にしてみま

★すべての方言で母音が五つというわけではありません。琉球方言の一部は三母音ですし、東北方言の一部ではイ段とウ段が同じ音になり、四母音のところもあります。また、現在ではほとんど見られませんが、かつての名古屋方言では九種類の母音があったという報告もあります。

しょう。

タ行		
タ	チャ	ツァ
ティ	チ	ツィ
トゥ	チュ	ツ
テ	チェ	ツェ
ト	チョ	ツォ
t	tʃ	ts

つまり、タ行には、順に、t と tʃ と ts の三つの子音が出てくるわけです。人によっては全部うまく発音できないという人もいるでしょうが、たいていの人はこの三系列の音を発音し分けられるでしょう。このように一つの行に二ないし三の子音が用いられていることを考慮すると、次の表★にあるように、日本語では二十二種類の子音があることになります。

行	子音
カ	k
ガ	g, ŋ
サ	s, ʃ
ザ	z, d, dz
タ	t, tʃ, ts
ダ	d, dʒ, dz
ナ	n
ハ	h, ç, ɸ
パ	p
バ	b
マ	m
ヤ	j
ラ	ɾ
ワ	w

★これは東京方言の標準的な発音を示したもので、個人や方言でかなり違いがあります。なお、ザ行とダ行で重複が二種類あるので、全部で二十二種類ということになります。ここで用いているのは国際音声記号（IPA）という発音記号です。

子音が二十二個というのは多いかというと、他の言語と比べてみても実はそれほど多くありません。それに珍しい音があるわけでもありません。だいたい一般的な子音で、日本語特有の音は見当たりません。しいていえば、ラ行の子音はほかの外国語ではあまり見られない珍しい音ですが、日本人でも巻き舌や l で発音するなど個人差が結構あります。

結局、一般論★でいえば、日本語の母音も子音もごく普通で、特に難しくないといえます。

開音節とモーラが特徴

一つ一つの音が簡単でも、それを続けて発音したり、どういうアクセントやリズムで言うかは、また別の問題です。使われている母音・子音が簡単でもそれだけで発音が簡単だとはいえません。

ロシア語で「こんにちは」と言うときは、Здравствуйте「ズドゥラーストヴィーチェ」と言いますが、最初の音節は zdrast という音の連続で、子音三つ＋母音一つ＋子音二つですね。これらの子音の発音一つ一つは簡単でも、こういうふうにつながると日本人には発音しやすくありません。英語の strict「厳格な」も同じように子音三つ＋母音一つ＋子音二つですが、日本語ふうに発音すると「ストリクト」（su-to-ri-ku-to）のようになってしまいます。これでは、ちょっと通じにくいかもしれません。このようなこ

★個別のケースでは、母語の影響（「干渉」とも言います）が出ますから、難しさは母語によって多少違います。例えば、タイ語には「シ」の子音にあたるものがないので、タイ語を母語とする人は「…でした」を「…でちた」のように言ってしまう傾向があります。

とが起こるのは、日本語の音構造が英語やロシア語と違うからです。

日本語の五十音についていうと、「ア・イ・ウ・エ・オ」は母音だけでできていますし、それ以外の「カ」も「ド」も「ス」も「レ」もみんな《子音＋母音》という構造です。つまり、母音で終わっているわけです。母音で終わる構造になっているものは「開音節」と呼ばれます。子音が最後にきて音節を閉じているものを「閉音節」と言いますが、日本語は、子音で終わることはあんまりなく、開音節中心の言語だといえますね。英語は、cat だの big だのと、子音で終わる閉音節は珍しくありません。日本語話者が英語を話すときに、本来はない母音をつけてしまうのは、日本語が開音節中心で、英語が閉音節中心だからです。慣れてしまえば、閉音節もそんなに発音するのが難しいわけではありませんが、慣れるまで一苦労でしょう。開音節はどういう言語の話者にとっても比較的発音しやすい構造です。この点でも、やはり、日本語の発音は難しいとはいえません。

日本語の音声面でのもう一つの特徴は、モーラ言語だということです。子供のころ、★じゃんけんをしてチョキで勝つと「チョコレート」、パーで勝つと「パイナップル」と言いながら、一歩ずつ歩いていく遊びをしませんでしたか。そのとき、どういうふうに歩数を数えましたか？「チ・ヨ・コ・レ・エ・ト」、それとも、「チョ・コ・レー・ト」、それとも「チョ・コ・レ・エ・ト」ですか？　実は、これをどう分けるかというときに、「モーラ」という規則がはたらいています。

★私は、一九六〇年代から七〇年代に子供時代をすごしたのですが、もしかしたら、最近の若い人はやらないのかもしれません。当時は、学校の帰り道、じゃんけんで負けたらみんなのランドセルをもって、決まった歩数分歩くという遊びがあったのです。当時はまだファミコンもなかったからなあ…。

モーラとは「拍」のことです。普通、「やま」と言えば、「ヤ・マ」と二拍です。「おばさん」は四拍ですが、「おばあさん」は五拍です。なんだ文字数のことじゃないか、と思ってはいけません。小さい「ゃ・ゅ・ょ」などは数えませんから、「みゃ」は一拍、「みゃく」は二拍です。「ん」や小さい「っ」は一拍に数えます。「ー」で表記する母音の伸ばしも一拍です。だから、「チョコレート」は五拍、つまり、五モーラが正解ということになります。イメージとしては、碁石一個を一モーラとして、必要なモーラ数だけ並べていくように、日本語は話されていると思えばいいでしょう。日本語を話す人は、モーラという単位を無意識のうちに使っていると考えられています。われわれが「病院」と「美容院」、あるいは「作家」と「サッカー」を簡単に区別できるのは、モーラという単位が身についているからです。これらの区別は外国語の話者にとってはかなり難しいのです。

小さい「っ」だけを発音できますか?

昔、「がっき(楽器)」を発音するには、「が・つ・き」と言いながらだんだん速く発音していけば自然に「がっき」になる、と教えた日本語の先生(日本人でしょう)がいた、という笑い話があります。もちろん、「が・つ・き」を速く発音しても自然に「がっき」にはなったりしません。ためしに小さい「っ」だけ発音してみてください。どうですか?できましたか? 困ってしまって何も言えなくなった人、それが正解です。実は、小さい「っ」の位置では何の音も出していないのです。

ga ： ki
(が)(っ)(き)

このとき小さい「っ」は、一拍（一モーラ）分の沈黙です。正確にいうと、たいていの場合、「が」と言った後、kの発音の構え（舌の後ろが持ち上がって口蓋★にくっつく）になって止まっています。つまり、一拍分の「が」＋一拍分の沈黙＋一拍分の「き」で、「楽器」という発音になるわけです。

「病院（びょういん）」と「美容院（びよういん）」は音の連続としてみればかなり近いのですが、モーラという点で見るとはっきりした違いがあります。「病院」は「びょ・う・い・ん」と四モーラですが、「美容院」は「び・よ・う・い・ん」と五モーラなのです。モーラという単位を使わない外国語の話者には、日本語のこの区別は難しいのですが、我々にとっては難しい区別ではありません。でも、モーラという単位を使わない方言もありますし、子供などではモーラという意識が未発達★な場合もあります。

アクセントは高低

英語を勉強したときに、単語のどこにアクセントがあるかが重要だと習ったでしょ

★「口蓋」は、「こうがい」と読みます。口の中の天井の部分のことです。口蓋の前のほうは骨があるので硬く、後ろのほうは骨がないので軟らかくなっています。硬い部分を「硬口蓋」、軟らかい部分を「軟口蓋」と言います。軟口蓋のいちばん後ろにあるのが「口蓋垂」、いわゆる「のどちんこ」です。

★モーラを使わずに何を使うのかというと、英語などと同じ「音節」という単位を使います。音節を単位とする方言を「シラビーム方言」と言いますが、シラビーム方言としては津軽方言や薩摩方言が知られています。子供のなかには「体育」を「たいく」と書く子がいます。大人は、文字に関する知識やモーラという意識があるために間違えることは少なくなりますが、個人差はあります。

う。この場合のアクセントとは、強く発音するところのことですね。しかし、日本語の単語では強弱はあまり関係ありません。日本語では、高いか低いかがアクセントになっているからです。英語式のアクセントを強弱アクセントと言い、日本語式のアクセントを高低★アクセントまたはピッチアクセントと言います。日本語では、「ウミ」と言っても、「海」と「膿」と「産み」ではアクセントが、一応違います。「一応」と歯切れの悪い言い方なのは、地域差・年齢差・個人差が大きいからです。東京式のアクセントでは、「海」は「う」は高く始まり、「み」で下がります。「膿」と「産み」は、「う」は低く、「み」で上がります。一見すると「膿」と「産み」は同じですが、「膿の処理」「産みの苦しみ」のように「の」などの助詞をつけると「膿の」では「の」で下がり、「産みの」は「の」で下がりません。

アクセントは、音階のように決まった高さがあるわけではありません。相対的に高く発音されたり低く発音されたりするだけです。低音のおじさんの高いアクセントは、声変わり前の男の子の低いアクセントより低いかもしれません。個人の発音のなかで、高低が区別できればいいわけです。従って、どれくらい高いか低いかよりも、どこに高低の変わり目がくるかのほうが重要になります。特に重要なのは、高いところから低いところへ移るところで、これを「アクセント核」と呼びます。日本語では、アクセント核が意味の違いに大きく関わっているといわれています。

では、アクセントは難しいのか、ということですが、これは難しいと考えていいと思

★この場合の「高い・低い」というのは、音階でドよりレのほうが「高い」というような意味です。この高低のことをピッチ（pitch）とも言うのですが、これも「そんなに速いピッチで飲むと悪酔いするぞ」というような「ピッチ」とは違います。また、「ピッチ・アクセント」と「イントネーション」とはどう違うのかと疑問に思う人もあるかもしれませんが、ピッチ・アクセントは単語ごとに決まっているもの、イントネーションは文や発話の単位で取り入れるもの、と考えてもらえばいいでしょう。疑問文は上げ調子になることがありますが、これはアクセントではなくイントネーションです。

います。英語をはじめとして多くの言語では、アクセントを高低で区別しませんから、そういう言語を母語とする人には難しいでしょう。また、各方言ごとにアクセントは大きく異なりますから、同じ日本語でも、アクセントが違えば学び直す必要がありますし、そもそもアクセントを区別しない無アクセント地域★もありますし、年代による違いもありますから、日本人にとってもアクセントは非常に難しいといえます。

文法は難しいか?

音声的には簡単な面も難しい面もあるとして、では、日本語の文法は難しいのか、と聞かれると実は困ってしまいます。というのは、文法の難しさを客観的に評価するのは難しいからです。一般に活用が少ないほうが学びやすいといわれますが、活用表の上では動詞が数十とおりに変化するフランス語よりも、動詞の活用★がせいぜい五種類程度の英語のほうが格段に簡単かというとそうではないし、活用のほとんどない中国語の文法は簡単かというとそんなことはありません。

どの言語も、文法は規則・ルールの体系ですから、実は難しいと考えておいたほうがいいかもしれません。また、日本語には、英語でいう主語とまったく同じ意味での「主語」はありません。文法は、個々の言語で異なるのです。外国語の学習の際には、初級の教科書で学ぶ内容の量や煩雑さによって、一見難易の違いがありそうですが、言語それ自体を全体として見てみれば、どの言語も文法は奥が深く、難しいといえます。日

★「無アクセント地域」というのは、アクセントがないわけではなく、アクセントの「区別」がない地域のことです。「雨」と「飴」の違いをアクセントでは行わないわけです。無アクセント地域は、いくつかありますが、この地域の方言の話者は、上がり下がりを明確に認識できない傾向があるといわれています。

★実は、ことばの研究をする際には、活用は主に「形態論」で扱い、狭い意味の文法に相当する「統語論」という分野で扱うことは普通ありません。

本語の文法だけが難しいということはないのです。

　しかし、日本語を母語にしている我々は、「文法って難しいなあ」と感じていることが多いですね。ただ、この場合の「難しいこと」には狭い意味での「文法」の外側にあるものが多く、例えば敬語とか漢字とか言葉の意味などがかなり含まれています。また、文法といっても、「食べさせられる」を「食べられさせる」と間違える人はあまりいません。「英語を話せますか」はおかしくないのに、「あなたに英語を話せますか」は変で「あなたに英語が話せますか」なら正しいというときに、それはどうしてかという疑問はあるでしょう。しかし、これは結構高度な文法の問題です。文法が難しいというとき、実はたいてい、かなり高度なレベルの現象や微妙な違いが問題になっていることが多いのです。そして、家族と話しているときはそうでもないのに、「正しい日本語」かどうかを気にし始めると、日本語はとたんに難しく思えてきます。「通じる」かではなく、より理想的な日本語、正しい日本語かが問題になっているからです。

　しかし、「何が正しいか」を決めるのは意外と難しいのです。

正しい日本語を決めるのは誰?

　「正しい」かどうかを判断する根拠がはっきりしないものも少なくありません。国語★辞典を引けばある程度分かるものもありますが、それでは解決できないものもあります。一般に、ある表現が「正しくない」という場合は、①もともとある古い表現のほう

★国語審議会では表記法の原則などは審議しますが、特定の表現が正しいかどうかを判断することはふつうありません。国語研究所は日本語に関わる基礎研究を多角的に行いますが、正誤の基準を公に示すことはやっていません。

が正しい、②都市部で用いられる表現のほうが正しい、③文法などの規則の体系に照らして不適切である、④意味の論理性に照らして不適切である、などがあります。④は間違いであることが明確ですが、それほど多くはありません。例えば、「よし、汚名挽回★してやるぞ！」と張り切っても、「汚名を挽回って、汚名を取り戻すつもりか？」と言われれば間違いに気づくでしょう。②は、都市のほうが人口も多く、格は上かもしれませんが、ことばの上で正しいことの根拠にはなりません。ただし、使用者が多いということは、ポイントになります。①は、ことばが変化して新しい形が出てきたときに見られる反応です。例えば、「むずかしい」と「むつかしい」では、後者のほうが古い形ですが、古いほうが正しいということにはなりません。また、古ければ正しいというのは暴論です。③はそんなに多くはありませんが、不適切である理由がはっきりしているので、説明は可能です。例えば、「みかんが好きだ」を「みかんを好きだ」と言う人がいるとします。このとき「を」は不適切だといわれるわけですが、「好きだ」という形容動詞は形容のはたらきをするので、目的語をとることはないと、一応説明ができます。「…を静かだ」とか「…をきれいだ」とは言いませんから、品詞の性質からいっておかしいとはいえるわけです。

しかし、単なる言い間違いと多くの人が使う「間違い」は違います。また誰が間違いと決めるのか、みんなが使うようになっても「間違い」なのか、いろいろ問題はあるのです。

★これは、「名誉挽回」と「汚名返上」というほぼ同じ意味の表現を、混乱してまぜてしまった例で、「混交」などと呼ばれる現象です。

Q3 国際化の時代に日本語を使うことは損なのでしょうか？

純粋にことばだけを見ると優劣は決めがたく、一方が上とか下という関係にはありません。しかし、現実には、それぞれのことばに、それを母語とする話者があり、それを学習する人がいます。その言語の使用者が多いということは、その言語を用いた書籍や映画、語学学校などの需要があるということであり、経済的な力と結びつきます。言語自体の固有の経済価値ではありませんが、言語を使うことには経済価値がついてまわります。そういう意味では損得という観点で捉えることができます。

日本語は有力言語だ

日本語を母語とする人はおよそ一億三千万弱、外国語として学習している人は三百万人ほどだといわれています。世界に数千ある言語のなかで、母語話者が一億を超えるものは十ほどしかありません。母語話者数で日本語はトップテンに入っているのです。★二位の英語（三億人程度）をおさえて一位の座にある中国語（十億人程度）には遠く及びませんが、日本語は弱小言語などではありません。学習者は英語の二十億人が圧倒的に多いのですが、これには、映画も英語の映画が世界的に強く、ディズニーやマクドナルドに象徴されるアメリカ文化が世界中に広がっていることが大きく関わっています。外国語としての日本語は、アジア圏では二位か三位、アメリカやオーストラリアでは五位程度、

★母語としての話し手の数は実は正確に数えるのが難しいため、資料によって若干のずれがあります。しかし、どの資料でも日本語話者数は七位から十一位の間にあり、多くの場合、十位までに入っています。

その他の国でもトップテンに入っているようですから、英語とは格が違うといっても、世界的にかなり有力な言語だといえるでしょう。

言語が有力かどうかは、その言語を使う国の経済力や政治的な影響力と密接に関わっています。二十世紀は、アメリカの経済力や政治的な力が増し、それと平行して英語も強大化した時代でした。言語が強くなれば、その言語による映画や書籍も需要が高まります。そして、国の力、言語の力、言語の市場価値は相互に作用しあっています。逆にいえば、ある言語を有力にするには、その言語を使う国の経済力や政治力が大きくなればいいわけです。

日本語は英語には及びませんが、世界的には有力な言語だといえますし、当分は滅びてしまいそうな気配はありません。だから、英語を勉強する日本人も「日本語を捨てる」という意識はないでしょう。しかし、小さな村でしか話されていない弱小言語を思い浮かべてみてください。話者は数千人しかいないとしましょう。この村で生まれた若者は、村のなかにいるかぎり、自分たちの言語だけで困らないかもしれませんが、高等教育を受けようと思えば有力な言語を学ばなければなりません。また、都会で仕事を探そうと思えば、有力な言語を覚えなければならないでしょう。地域によっては、自分たちのことばを捨てて、有力な言語を身につけたほうが収入が増えたり、社会的地位が上がったりすることがあるのも事実です。場合によっては、ある言語を使っていることが偏見や差別を生むことにならないともかぎりません。そうなると、有力な言語を身につけることがあながち悪いことだともいえなくなります。そして、有力な言語だけで生活していくことは、実質的に「母語を捨てる」ことでもあるのです。

日本国内の大学はたいてい日本語で授業を行っています。自分たちの言語で大学教育が受けられることを私たちは当たり前だと思っていますが、国際的に見るとこれはそれほど当たり前のことではありません。発展途上国の大半では、大学教育は英語やフランス語が主です。「○×学」という学問の体系を全部一つの言語に移し変えるには、大変な時間と労力が必要です。日本は明治の初期に欧米から学問を取り入れるにあたり、自国語(日本語)に訳して取り入れる方針をとりました。とはいえ、明治時代の大学ではほとんどドイツ語で法律の授業が行われたり、英語だけで文学の授業が行われたりしましたから、現在の途上国の大学教育と似ていたかもしれません。徐々に、日本語で教科書や概説書の整備が進み、自国語で授業が受けられるようになりました。「母語を捨てることなく、大学教育が受けられる」状況になったわけです。

日本の言語政策

「母語を捨てる」ことを話し手が選ぶ以上、それを引き止める手立てはありません。もちろん、「母語を守ろう」という機運が生じることもありますし、現在でも、文化の多様性の一部として言語の多様性を守ろうという方向性が世界的な流れとして見られます。話し手が少なくなった言語を「危機言語」と呼んで、記録したり保存★したりする動

★「保存する」といっても、ことばをとっておくことはできません。できるかぎり、正確に記録しておくしかありません。ことばが滅びないようにするには、母語とする人が減らないように(願わくば増えるように)教育を行うなどの制度作りが必要になります。

きもあります。

ことばの弱体化という点で見ると、日本各地の方言も少しずつ失われてきています。かつては方言札★が見られた地域もあったのですが、今では方言をなくそうという運動はほとんど見られません。むしろ、標準語に対して、方言には味わいがあり、細かな機微が伝えられるとして再評価する方向に向かっているくらいです。方言はまさしく母語ですし、標準語を有力言語に重ね合わせてみれば、日本ではむしろ逆のことが起きているともいえそうです。しかし、これはそれだけ方言が失われてきた結果と見ることもできます。

日本国内には、かつてアイヌ語を母語とする人がたくさん住んでいましたが、日本政府が同化政策を強く推し進めた結果、ほとんど話し手はいなくなってしまいました。現在、日常語としてアイヌ語を使っている人はいない状況ですから、その点では「滅んでしまった」と言ってもいいかもしれません。言語の統一化や標準語の確立と普及は、日本が近代化していくなかで中央集権的な体制を強化していく一つの手段だったのです。そういう時代には、日本語と異なるアイヌ語は排除の対象となりました。また、方言も「悪」だったのです。

基本的人権の中に「言語権（言語的人権）」を認めるという考え方があります。誰しも、自分が最初に身につけた母語や母方言を使う権利があり、むやみに人からその権利が剥奪されないようにしなければならない、と考えるのです。これは、自分にしか分からな

★かつて、学校で方言を用いることを禁止していた地域がありました。この決まりをやぶって方言を使った生徒に罰として首からぶらさげさせたのが方言札です。今では、こういう学校はもうないと思いますし、信じがたい話に思えるかもしれません。

い好き勝手な言い方をしてよいということではありません。いくら母語といっても、ほかの人に通じないのでは意味がありませんからね。意思の疎通を行いながら、言語権も保証するためには、両者の折り合いをつけるための妥協点を探っていかなければなりません。

日本では、英語の学習熱が年々高まっていますが、日本語と英語の場合、英語のほうが有力言語に相当します。各地の方言と標準語（日本語）では、標準語（日本語）のほうが、有力言語です。しかし、現状は身近な方言と、英語という世界的な有力言語に重点が置かれ、日本語（標準語）は軽視されているようなのです。「日本語をより有力な言語にしよう」とか「標準語（日本語）を守れ」という意識は非常に薄いといっていいでしょう。

英語をどう教育に取り入れるかという問題と、方言をどう守るかという問題はまったく無関係なようですが、実は密接に関わっています。これらはいずれも、「日本語（標準語）をどう教育し、どう守り、どう広めるか」と関係が深いからです。しかし、日本には言語をどう位置づけ、どう取り入れ、どう教育していくか、という総合的な規定★はありません。例えば、国際化の時代に英語をどう教育するか、第二公用語として取り入れるか、は重要な問題です。しかし、日本には日本語が公用語★であるという法的な規定さえもないのです。英語の教育は重要ですが、扱いによっては日本語を弱体化★させてしまう可能性もあります。そうなると、方言だって一種の日本語ですから、当然失われる方向へ向かいかねません。英語教育の重点化と方言を守る機運とは無関係のようで、実

★英語教育に関する指針や、国語教育に関する指針はありますが、これらはばらばらに規定されているものです。全体をまとめるような方向性は見当たりません。

★これは「日本の公用語は日本語である」ことを否定するものではありません。法律や行政文書や公文書のほぼすべてに日本語が使われていますから、日本語が実質的に公用語であることは疑いを入れません。しかし、憲法で公用語を規定している国もあるのに、日本の憲法には「公用語」はおろか「日本語」「言語」ということばも出てこないのです。

★例えば、日本語と英語の二公用語制になると、公文書は英語で、会話は日本語でという使い分けが起きる可能性もないわけではありません。そうなると、書き言葉としての日本語は後退し、英語と日本語はちょうど現在の標準語と方言のような関係になるかもしれません。千数百年前の日本では、書き言葉は漢文、つまり、中国語で、話し言葉が日本語だったわけですが、そういう状況に近くなる可能性もないとは言い切れません。

は相互に矛盾する方向性をもっており、重要な関わりがあるのです。日本には、国語審議会という機関があり、国際化時代における日本語のあり方についても検討していますが、さらに広い視野に立つ言語政策というものは、いまだ見られないのが実情です。

国内でいくつかの言語が使用されている国(「多言語国家」と言います)では、どの言語が公用語か、どの言語で教育を受けることができるか、が重要になります。また、言語は出身地域や出身民族の違いを反映しますから、争い★や対立のもとになりかねません。例えば、ベルギーでは、ワロン語とフラマン語という二つの言語が使われていますが、新聞も放送局も言語ごとに分かれています。標識や看板は二つの言語で併記されているのが普通です。ワロン語は、フランス語の一方言と見ればよく、フラマン語もオランダ語の一方言と見ればいいでしょう。学校も言語ごとに分かれています。ワロン系の人とフラマン系の人が結婚すると、子供にどちらの言語で教育を受けさせるかでけんかになることもあるといいます。

国際的に見ると一国家一言語といえる国はごくわずかです。これまでの日本は、圧倒的に日本語話者が多かったので実質的に一国家一言語に近かったわけですが、未来永劫このままとはいかないでしょう。また、国際化の波は、国際的に有力な言語(現在は英語)を習得させる圧力になります。これからの日本は、母語をどう位置づけるか、外国語をどう取り入れるかを、政策として明確にしていく必要に迫られるかもしれません。

★アメリカにだって英語の話せない人がたくさん住んでいます。カナダもケベック州などを中心にフランス語と英語の対立が見られます。一つの言語に統一することは、言語的に優位な階層と不利な階層をつくることを意味します。いくつかの言語を共存させることは、国家としての統一性を維持する上で好ましくない状況になりかねません。

どうして日本語力が求められる時代なのか?

近年、日本語力、あるいは、リテラシー能力ということばがよく使われます。現代において必要とされる能力だと声高に叫ばれているのです。日本語力とは、的確な日本語を用いて表現する能力のことですが、文章を書くことはもちろん、口頭での説明や発表の能力を含むことも多いようです。リテラシー★能力とは、本来「読み書き」の能力のことですが、現在ではより広い意味で用いられ、ことばを使いこなす能力といった意味で使われています。

かつて、文字は一部の階層に独占されていました。普通教育の普及とともに識字率は高くなってきましたが、これは歴史的に見ると最近のことですし、今でも識★字率の低い国や正書法や辞書が整備されていない言語もあります。日本は、幸いにして世界でも識字率が最も高い国のひとつですが、これは基本的な読み書きができるということに過ぎません。子どもはごく普通の環境に置くだけで通常ことばを話したり聞き取ったりできるようになります。誰かに指導を受けたり、学校に通う必要はありません。しかし、読み書きは意識的に(できれば体系的かつ効率的に)学ばなければ身につかないのです。

現代では、基本的な読み書きではなく、たくさんの情報を整理して取りこむ情報処理能力としての「読み」の力や、説得力のある的確な表現を用いて、効果的に伝える「書き」の力が求められるようになっています。従来の読み書きが基礎的な能力のことだとしたら、現在必要とされているリテラシー能力はもっと高度なものだといえます。

★リテラシー能力は、①(母語である)日本語の運用能力、②(英語など)外国語の基礎的運用能力、③(IT機器を中心とした)情報の収集と発信の能力、を主として指しますが、これに④マス・メディアの報道する情報を自立的かつ批判的にとらえて利用する能力を加えることもあります。それぞれ、①母語リテラシー、②外国語リテラシー、③情報リテラシー、④メディアリテラシー、などと呼ぶこともあります。

★ユニセフの統計によると、十五歳以上の識字率は、先進工業国で九十八%、開発途上国で七十%、後進開発途上国で四十九%(全世界の平均は七十四%)となっています。後進開発途上国では二人に一人が基本的な読み書きの能力を身につけていないということになります。南アジアとアフリカには、残念ながら成人の識字率が五十%を切る国も見られます。これは大変なハンデと言わざるをえません。

かつて、報告書などの文書の作成は管理職の仕事でした。パソコンなどのない時代に印刷文書を作成するのには手間と時間とかなりの費用が必要でしたから、部下からの口頭での報告やメモを文書化するのは、一部の管理職がやっていたのです。

しかし、ＯＡ機器の普及は、印刷文書を一般に解放しました。いまやパソコンやワープロで文書を作成することは、簡単に少ない費用で可能になったわけです。仕事を効率化し、迅速化する上でも、また、情報として加工しやすくする上でも、直接関わっている現場の人材が文書を作成する流れが強まったのにはこういった背景があります。このことは現場にいて最も多くの情報を確実に把握している人材が直接情報を発信するというメリットもあります。現場から発注や報告といった情報が直接発信される時代になったのです。

こういう社会状況の変化は、業種に関係なく、管理職かどうかに関係なく、あらゆる人材が情報発信の能力をもっていることを求めます。情報発信のためには、的確に情報を集めて整理し、より効果的な日本語で表現する必要が出てくるわけです。そして、この能力がほぼすべての人材に求められる時代になったのです。求められるリテラシー能★力のレベルが上がっているわけです。報告書や文書を書くという仕事は、課長や係長という管理職だけでなく、仕事をするあらゆる人材が担わなければならない時代に変わってきたといってもいいでしょう。

★私は長らく東京の下町に住んでいましたが、暴走族がスプレーペンキで書いたと思われる「闇を裂く瓜」という落書きを見たことがあります。「ウリにツメあり、ツメにツメなし」などと言いますが、「爪」と書きたかったのでしょうね。とにかく、何をするにも最低限のリテラシー能力は必要です。

運用する日本語と分析する日本語

日本語を適切に使う能力は重要ですが、これは日本語を分析する能力とは別です。すぐれた作家や達意の名文が書ける文筆家が、日本語の文法構造を分析できたり、語彙に関する科学的な知識をもっているとはかぎらないからです。ここで「日本語学」として学んでいくのは、日本語を分析する能力のことです。別物とはいっても、日本語の運用能力が高ければ日本語を分析する際に有利であることは事実ですし、日本語を分析する能力が高くなれば客観的に自分の日本語を捉えられるので、多少は日本語力が高まるかもしれません。

日本語を含めて、ことばを分析するときにどう捉えるかには、二つの立場があります。一つは、「正しい日本語とはこういうものだ」という模範というか理想を掲げて、日本語を捉える立場で、これはお手本（「規範」と呼びます）を示すという考え方なので、規範主義と言います。これと対立するのは、ありのままの日本語を客観的に捉えようという立場で、これはことばをそのまま記録していく（これを「記述する」と言います）ので、記述主義と呼ばれます。ことばは変化しますし、実際にどう使われているかが分からなければ、分析することはできません。従って、ことばを扱う学問はいずれも原則として記述主義の立場をとります。つまり、日本語を研究するには、ああだこうだと最初から文句をつけるのではなく、とりあえず実態をそのまま主観を交えずに記録するところから始めるわけです。

★規範主義と記述主義は、それぞれ規範的（prescriptive）な態度、記述的（descriptive）な態度とも言います。

私たちは記述的な立場をとりますが、このことは必ずしも規範主義を否定することではありません。作文の教育や外国語の教育など、ことばを習う場合には、何が正しいかがはっきりしていなくてはなりません。上級になれば「いろんな言い方がある」と言われても理解できるかもしれませんが、最初は「これが正しくて、あれは間違い」というように原則は単純で明快であるほうが習得も指導も効率がいいことがあります。また、実際にことばを使う場合にはお手本になるものがないと困ることも多いでしょう。

ことばが乱れることはない!?

記述的な立場からすると、ことばの乱れと批判されるものも、新しい表現であるか、なんらかの変化であるかのどちらかになります。記述主義は、いいか悪いかの価値判断をしないので、基本的にことばが「乱れる」とは考えません。次の例文を見てください。

(1) おなかがいっぱいで、とても食べられそうにない。
(2) その映画は、とても悲しい作品でした。
(3) 今日は、ちょーだるいんで、アルバイトを休ませてください。

この三つの文は正しいでしょうか？　ほとんどの人は(1)も(2)も正しいと判断するでしょう。(3)は地域差もありますが、若い人は抵抗があまりないでしょうね。実はここで問題にしたいのは⑵なのです。⑵は数★十年前は「誤り」とされていました。「とても」の本来の用法は⑴のように「とても…ない」と否定と呼応するものだったのです。「とても」は「とてもかくても」（「こうしてもああしても」の意）が短くなったものなので、語源を考えると否定と呼応するのが自然です。しかし、否定を強めていたものが、否定だけでなく肯定にも使える、一般的な「強め」になれば、⑵のような使い方が可★能になるわけです。「超」は、「超多忙」「超難解」のように一部の名詞につく要素で、独立した単語としては用いませんでした。しかし、「超ビッグなタレント」のような使い方をすると名詞についているのか形容動詞についているのか分かりにくくなります。さらに、独立して形容詞を修飾するようになると、「ちょー難しい」のような言い方になるわけです。副詞として使われるようになったといってもいいですね。⑵も⑶も、本来の用法にあった制限の一部がなくなって用法が拡大したわけですが、⑵は変化が定着しているので多くの人は誤用だと思わず、⑶は新しい変化でちゃんと定着してはいないということなのです。

　ことばが変化するという場合、個人のレベルではなく、集団のレベルで変化が生じているのです。この場合、記述的な立場では、変化するのはなんらかの理由があり、変化することに意味があるから変化が生じていると見ます。変化は、それまでの決まりを捨てることにもなりますから、変化を起こす側にいる人（多くの場合、若者）と変化を起こさない側にいる人（壮年・高年層）では受け止め方に差が出ます。後者は反発することが少

★「とても」の肯定文での強調用法が辞書に載り始めたのは大正時代の後半のようです。

★こういう変化は珍しくありません。現在進行している変化と見ていいと思いますが、「全然おいしい」のように、「全然」を肯定でも強めに使うことがあります。これも同種の変化ですね。

なくないわけですが、その変化がほんとうに必要なものであればそのまま定着するでしょうし、単なる逸脱やインパクトのためのものであれば、じきにすたれてしまいます。ことばには自律的に調整していくしくみが備わっていると見ていいでしょう。いくら権威や権力があっても、少数の人間が簡単に変えられるようなものではないのです。

章末問題

Q1

問1　日本語は、「ゆるい**SOV**言語」ですが、「僕のおやつを妹が食べた」と**OSV**になったり、「僕が食べたんだ、妹のおやつを」のように**SV**、**O**といった後置文になったりします。このとき標準の語順となにか意味の差はあるでしょうか？

問2　名詞に「だ」がついた「学生だ」「学生だった」を敬体(デス・マス体)にすると、「学生です」「学生でした」となりますが、形容詞の場合は、「楽しい」「楽しかった」が「楽しいです」「楽しかったです」となります。動詞の場合、「見る」「見た」は「見ます」「見ました」となりますね。これらは、過去や敬体や否定のくっつく順番が違うわけですが、名詞・形容詞・動詞ごとにどういう順なのか整理してみてください。また、「綺麗だ」という形容動詞は、どのタイプと同じになるでしょうか？

Q2

問1　「タ行」には三つの子音があるため、子音ごとにアイウエオの五つの母音をつけていくと合計十五個の音が出てきます。「ダ行」と「ハ行」も同じように整理して表にしてみてください。ただし、ハ行の場合には、十五個すべてが使われているわけではありません。使われていない音はどれでしょうか？

問2　いつの時代にも新しい表現は、「正しくない」といって批判されることが少なくありません。「正しくない」といわれる表現を三つ探しだし、それが正しくないと判断されている理由を説明してみてください。

Q3

問1　日本で、日本語を第一公用語、英語を第二公用語と定めた場合、国民の生活にはどういう影響が出るでしょうか？　具体的な影響を列挙してみてください。その場合、メリットとデメリットではどちらが多いでしょうか？　メリット・デメリットの判断は個々人で異なります。あなたにとってのメリット・デメリットという基準で判断してください。

問2　辞書に載っていなくても、定着して使われるようになった表現はあるものです。多くの人が使っていて（または理解していて）定着しているのに、辞書に載っていない語（句）を二つ以上指摘してください。また、その意味を辞書はどのように記述すべきかも考えてください。

第二章

歴史的に見る日本語

Q4 日本語はアルタイ系だと聞きましたが、どこから来たのですか?

現在は単純に「日本語はアルタイ系の言語だ」と言うことはありません。ことばの系統を調べる研究を「系統論」と言うことがありますが、日本語の系統論は日本人や日本文化のルーツとの関係も深いと考えられるので、多くの人が関心を寄せる分野です。しかし、いくつか分かってきたことはあるものの、結論は出ていないのです。

日本語はアルタイ系か、それとも孤立語か

二十世紀前半に書かれた国語学や言語学の概説書をひもとくと、濃淡の違いこそあれ、日本語がアルタイ系の言語と親縁関係にあるという説明が出てくることが多いのは事実です。それから少し時間がたつと、アルタイ諸言語との関係に言及しながらも日本語は「系統不明」であることを強調する記述が増えてくるようです。系統不明の言語は、親縁関係のある言語がないということで「孤立語」★と呼ばれることもあります。近年、もう少し違う説明が一般的になっていますが、実は基本線は昔から変わっていません。つまり、「証明といえるような決定的な論証はまだない」ということです。一言でいうなら「まだよく分からない」ということになるでしょう。

まず「アルタイ諸語」とはどういうことばを指しているのでしょうか。アルタイとは★アルタイ山脈などのアルタイから来ていますが、これは大きく三つの言語群に分かれま

★この場合の「孤立語」(isolated language) は、中国語やタイ語など活用しない言語を意味する「孤立語」(isolating language) とは別の意味です。英語で見ると違うのですが、日本語で「孤立状態の言語」と「孤立方式の言語」などと訳し分けても分かりにくいので「孤立語」と言っているのです。

★アルタイ山脈は、天山南路・天山北路で知られる天山山脈の北、中国・モンゴル・ロシア・カザフスタンの国境付近にある山脈です。

す。トルコ語に代表されるチュルク諸語、モンゴル語に代表されるモンゴル諸語、そして、満州語などのツングース諸語の三つの語群でヨーロッパの東部からシベリアまでユーラシア大陸を東西に帯状に覆うようにして分布しています。この三つのうちで最も東側に分布するのがツングース諸語ですが、これらはいずれも話し手が少ない、弱小言語です。これらのアルタイ諸語は、膠着語に分類できること、後置詞を使うこと、R★音で始まる単語がほとんどないこと、母音調和★と呼ばれる現象が見られることなど、いくつかの共通点があり、同じ系統の言語ではないかといわれてきました。古い時代の日本語にも母音調和があったといわれていますし、朝鮮語も日本語も膠着語の代表選手です。特に、朝鮮語はツングース諸語との共通点が比較的多いことから、親縁関係にあるのではないかと考えられたのです。

日本語と朝鮮語は、語彙も発音もかなり違いますが、語順などかなり似通っているところもあります。語彙を中心に比較すると日本語と朝鮮語はそれほど似ていないので、兄弟の関係にあるにしてもかなり古い時代に分離したと見ざるをえなくなります。しかし、文法的な性質を見るとまったく無関係だと考えにくいくらいの共通点は見られます。大まかに見ると、日本語もアルタイ諸語と共通した特徴をもっていますし、ツングース諸語を話す人たちも日本人もモンゴロイドですから人類学的な共通点もあります。となると、日本語もアルタイ諸語と関係があるのではないか、きっと遠い昔に分かれてしまったので、直接共通している点はもうほとんどないものの、血筋をたどってい

★国語辞典を見てみると分かりますが、ラリルレロで始まる単語は、漢語と外来語の独壇場です。やまとことばはほとんど見当たりません。このことは、古い時代の日本語では、単語の最初にＲ音が使われなかったことを示していると考えられるのです。

★母音調和は、異なる性質の母音が一つの単語のなかに現れないようにする制限規則のことです。特定の母音のセットしか出てこないため、同じ性質をもった母音が調和的に出現する現象と考えられています。

くと大昔のご先祖様はいっしょなのではないかと考えたくなるのが人情というものでしょう。

原始アルタイ語
- 日本語（消滅し、現存しない言語）
- 朝鮮語
- ツングース諸語
- モンゴル諸語
- チュルク諸語

アイヌ語の研究で有名な金田一京助博士は右のような図★を示していますが、おおよそ感覚的にはこういうイメージで語られていたといっていいでしょう。しかし、これは「今のところ見つかっている状況証拠からは、そう考えやすい」という程度のもので、きちんと証明された結果ではないのです。日本語は系統不明の孤立語と言われる場合には、「証明されていない」ということが前面に出てきているわけですが、この場合も、アルタイ系でないと言っているわけではないのです。まあ、「アルタイ系らしいけどよく分からない」と言うか、「よく分からないけどアルタイ系★らしい」と言うか、多くの場合、その程度の違いだったのです。ほかにもいろいろな説がありますが、証明されて定

★これは、金田一京助『国語史——系統篇』（一九三八）一八八ページにある図を、私が表記も含めまとめなおしたものです。

★アルタイ諸語以外に名前があがったのは、トリアピ語（パプア・ニューギニア）、チベット語、アイヌ語、ビルマ語、そして、大野晋氏が主張しているインドのタミル語などです。アイヌ語は、これだけ隣接していながら、むしろ異なる特質が目立つので、直接の系統関係を考えないことが多いようです。タミル語説は、受け入れない専門家が多いのが実情ですが、親縁関係がまったくないという証明がなされたわけではありません。

説になっているものはありません。

日本語は混合語？

これまで系統を考えるときには、一★つの言語がいくつかの言語に分かれていったと見ることが多かったわけですが、それでは説明できないことがあることが分かってきました。もしも、たった一つの言語が数十の言語に分岐するのだとしたら、いかに時間が経過したとはいえ、あまりにも多様すぎないかという疑問もありますし、現に言語は他の言語の影響を受けて変化することが多いのです。他の言語からの影響は（外来語という形で現れる）語彙の変化が分かりやすいのですが、それ以外にも音声や文法の変化もあります。日本語の場合、上古から断続的に中国語の影響を受け、さまざまな要素を取り入れていますし、近代以降は西洋語から語彙をかなり取り入れました。このことは文献からも分かることですが、それ以前の日本語（「原始日本語」などと言います）もいくつかの言語が交じり合うようにしてできた混合語ではないかと考えるのが、現在では一般的になっています。「日本語は○×語から分かれた」と主張する人も、ほかの言語が混じりこんだ可能性は否定しませんから、原始日本語が混合語であることは見解の一致を見ていると言ってもいいかもしれません。ただ、原始日本語がどの言語がどんなふうに混合してできたのかが分からなければ、混合説もあんまり意味はありません。

有力な説の一つに南方語と北方語の混合説があります。この場合、南方語はオ★ースト

★これを「分岐説」と言いますが、背景にはダーウィンの進化論のように、分岐して多様化することを変化の基本形とする見方があります。

★西はマダガスカル島から、東はイースター島まで、北は台湾（原住民諸語）やハワイから、南はニュージーランドまで広い地域に分布している言語の総称で、これらは親縁関係にあると考えられています。

ロネシア諸語であり、北方語はアルタイ諸語のうちのツングース諸語であると見ることが多いですね。この説では、助動詞などを使う膠着語としての文法的な特質を北方語から、語彙の多くは南方語から来ていると考えます。ただ、どういう時期にどのように混合したかなどは分かっていません。また、南方語と北方語が混合する以前に、それとは別の言語が日本にあったのかどうかも分かりません。もともと、なんらかの言語 X が日本にあって、それに北方語と南方語が混ざりこんだ可能性も否定はできないのですが、その痕跡がどのように残っているのかを推測することは非常に難しいのです。また、北方語と南方語が混合する以前に、オーストロアジア★諸語など他の言語が入ってきているとする説もあるようですが、これも証明することは困難です。関わった可能性がある未知の言語 X、Y、Z を想定すると、次のような流れが考えられます。ただし、証明されているわけではありません。

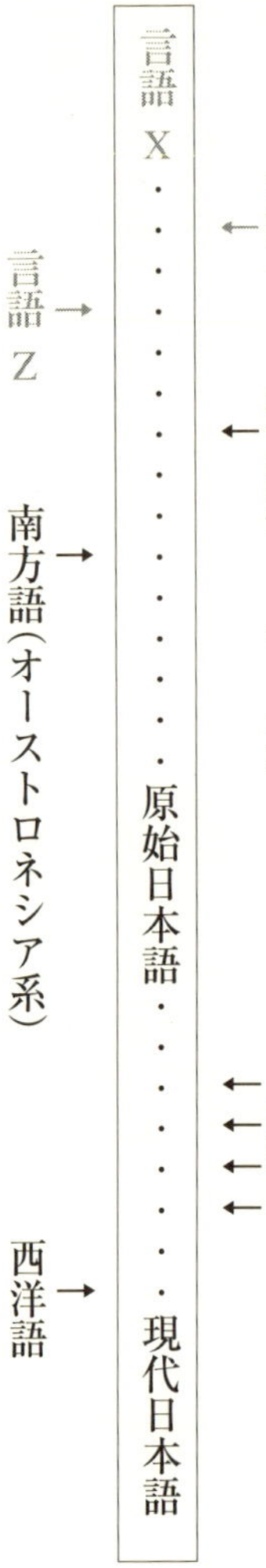

★ビルマ語やカンボジア語などのモン・クメール系の言語を含む語群で、インドシナ半島からマレー半島、インド中部にかけて分布しており、親縁関係にあると考えられています。

系統関係の証明は難しい

これまで系統関係にあることは、主として語彙の対応関係が見られることを根拠に証明されてきました。形は違っていてもいいのですが、全体として規則性があれば対応していると見なすわけです。もちろん、このとき外来語や新しく使われるようになった単語は取り除いて考えなければいけません。日本語の「テーブル」が英語の table と似ているから日英語は親縁関係にあるとは誰も言わないでしょう。「コーヒー」は世界中どこに行っても、たいてい同じような発音で呼ばれるわけですが、だからといって地球上の言語がすべて同一起源だとは思わないでしょう。これはコーヒーそのものといっしょに名称も広がっていった結果ですね。つまり、外来語は系統の証明には使えないのです。

また、昔からある外来語は特に気をつけないといけません。「たばこ」あたりは外来語であることに気づくかもしれませんが、「3」を「サン」というのも外来語だと普通は思いません。しかし、「三(サン)」が中国語の「三(sân)」と似ているから、日本語と中国語は同系だと言われても困ります。もともと「サン」は中国語から借りたものなので似ているのは当たり前なのです。本来の日本語では「ひ・ふ・み…」の「み」ですね。また、「たまご」は比較的新しいことばで、古代は「かひご」と言いました。「たまご」で比較しても意味がないわけです。

きちんとした比較をするためには、古い時代の日本語の単語をなるべく音声的に正確に復元しておく必要があります。古い時代の日本語の音声は、文献資料を参考にするほか、各地の方言に残っていると考えられる古い形を参考にして復元しますが、これも骨の折れる作業です。

系統関係の証明が成功しているインド・ヨーロッパ語族★の場合、古い時代の文献資料もありますし、おおよそ比較するべき言語の見当もついています。日本語の場合、単純にどこかの言語と比較すればいいという状況にはありませんし、まず古い時代の日本語(「原始日本語」に当たるもの)をできるかぎり復元しておく必要があります。しかし、古い時代の日本語を復元する際に参考にできる外国語も見当たりません。結局、日本語の内部で復元作業をしていくしかないわけです。具体的には、主に昔の文字資料と現在の方言のデータを使うわけですが、このように一言語のなかのデータだけで復元していくことを「内的再建」と言います。原始日本語を内的再建によって復元し、比較の対象となる言語も古い時代の形を復元しておく必要があります。そのあとで、比較していくわけですが、日本語の場合、関係があるのか分からない言語も含めて比較に使う言語はたくさんありますから、膨大な作業量になるわけです。

語源が分かれば日本語の起源も分かるか?

語源はことばの由来のことですが、昔の人のものの見方を反映していることが多いので、なかなか楽しいものです。しかし、語源を確かめるのは難しいことも多く、こじつ★

★インド・ヨーロッパ語族は、ユーラシア大陸の中央部からインド、そしてヨーロッパ西部まで広く分布しています。英独仏語、ロシア語やラテン語などのヨーロッパの主要な言語のほかヒンディー語やペルシア語などのインド・イラン系の言語もこの語族に含まれます。これらの言語は親縁関係にあることが証明され、どのように分岐して、どのように親縁関係をなすかがかなり詳細に分かっているのです。

★日本で最初の大型辞書『大言海』には、語源が記してありますが、「犬」は「すぐいぬる(=いなくなる)」から「いぬ」と言い、「ねこ」は「寝てばかりいる」から「ねこ」という説が書いてあります。科学的でない語源説ほど面白かったりするのですが、面白いから正しいということはもちろんありません。

けと見るべき非科学的な説も少なくありません。普段われわれが使っていることばのなかにも簡単に語源が分かるものとそうでないものがあります。「筆箱★」や「下駄箱」などは、「筆＋箱」「下駄＋箱」でもともと「筆を入れる箱」「下駄を入れる箱」であったことは日本語話者であればたいてい分かります。このように語の成り立ちが分かりやすいものを、語の成り立ちが「透明な」語と言います。「港」は、「み（水）＋な（の）＋と（戸）」が語源で、水上に開かれた出入り口のことですが、これは普通の人には語源が見えません。語源的に「不透明な」語ということになります。

　語源は、このように派生したものから、もとの基本的な単位を探り当てることで、たいてい終わってしまいます。「水」を「み」やそれに近い発音で表していたとしても、これ以上、分解していくことはできそうにありません。基本的な単位まで行き着くと、あとは外国語との比較しかありませんが、これも一つや二つ似ていても、偶然似ている可能性もあり、すぐに完全な対応関係があるとは言えません。規則的な対応性を見つけるにはある程度まとまった量の比較が必要なのです。

　古い日本語では「白・黒・赤・青」の四つが基本的な色彩語彙だったと言われていますが、このうち「白」「黒」「赤」は、名詞と形容詞と動詞の共通の要素になると考えることができます。

　「暗い」状態は光が少なくてまさに暗闇の色「黒」につながりますし、日が「暮れる」と暗くなると考えれば意味的には関係があってもおかしくありません。「顕《しる》し」は、はっ

★身の回りのあるものについて代わるものが出現し、一斉に置き換わっても、ことばは残るケースが少なくないようです。「筆箱」と「下駄箱」の場合、筆は鉛筆やペンに、下駄は靴に置き換わったわけです。私は音楽を聞き始めたとき、まだレコード盤だった世代なので、今でもCDショップのことを「レコード屋」と言ってしまうことがあります。

色名	黒	白	赤
共通要素	kur-	sir-	ak-
名詞	kur-o 「黒《くろ》」	sir-o 「白《しろ》」	ak-a 「赤《あか》」
形容詞	kur-asi 「暗《くら》し」	sir-usi 「顕《しる》し」	ak-asi 「明《あか》し」
動詞	kur-u 「暮《く》る」	sir-u 「知《し》る」	ak-u 「明《あ》く」

きりと明瞭に現れているという意味ですが、光が当たって「白」くなればはっきりし、また目立つでしょう。「知る」は「はっきりする、明確になる」と考えればつながらなくはありません。「赤」は日が出て「明るくなる」ことと関係があると考えられています。これはまた、「目を明く」あるいは「夜が明ける」というように、閉鎖されていたものが開かれることで外から光が入りこむというイメージで動詞まで考えることができます。

ここで紹介した説は、名詞と形容詞については有力な見解ですが、動詞については有

★古代、サ行音は破擦音だったと考えられています。つまり、「し」は「ち」に近かったと考えられるわけですが、ここでは表記を単純にするため、sで表記しておきます。

力な説になっていません。それなりに説得力がないわけではありませんが、正しいかどうかの証明はもっと別の要素も含めて体系的にしないといけません。説がこじつけではなく、正しいことを証明するには、そう考えなければつじつまが合わなくなるといった、より強力な事実が必要ですし、語彙の体系や接辞などの要素についても一貫した説明ができないといけません。従って、語源そのものの証明が難しいだけでなく、それが分かっても一足飛びに起源の解明には至らないのです。

文法からも推定できることがある

日本語の動詞を見てみると、活用の仕方に大きく二種類あることが分かります。変格活用を除くと、現代語では五段活用と上一段活用と下一段活用の三つがありますが、これを活用している部分(語尾)と活用しない部分(語幹)に分けて記述してみると、二種類に分ければ十分なのです。

音便を除外して活用を見てみると、語幹(太字になっています)は「呼ぶ」ではyob-と子音で終わっていますが、「見る」「出る」ではmi-, de-と母音で終わっています。五段動詞の語幹は子音で終わる閉音節で、上一段と下一段の動詞の語幹は母音で終わる開音節ですね。前者を「子音語幹動詞」、後者を「母音語幹動詞」と呼びますが、全体数としては子音語幹動詞のほうが多いわけです。日本語の特徴は先に見たように(第一章Q2参照)、開音節なのですが、動詞の語幹を見ると閉音節が隠れていることが分かります。このことは、古い時代の日本語には閉音節が存在した可能性を示していると考えられるのです。

さきほど日本語の起源ではオーストロネシア諸語から語彙が入ってきたという説を見ましたが、オーストロネシア諸語では閉音節が豊富にあるのです。とすれば、原始日本

活用	五段活用	上一段活用	下一段活用
動詞	呼ぶ	見る	出る
未然	**yob**-anai	**mi**-nai	**de**-nai
連用	**yob**-i	**mi**-	**de**-
終止・連体	**yob**-u	**mi**-ru	**de**-ru
仮定	**yob**-eba	**mi**-reba	**de**-reba
命令	**yob**-e	**mi**-ro	**de**-ro

語に閉音節があったということは南方語から語彙が取り入れられた可能性とうまく合致するわけです。

文字にだまされないようにする

千数百年前の日本語を聞いたことのある人はもう誰一人いません。しかたがないので、残っている文字資料から推定することになりますが、文字はいろいろなことを教えてくれる代わりに、うのみにはできないこともいくつかあります。例えば、「ゐ・ゑ・を」という文字の存在は、かつてwi / we / woという音が日本語に存在★したことを教えてくれます。また、「火事」「歓迎」を「くゎじ」「くゎんげい」と表記しているのを見れば、かつての日本語にkaとkwaの区別があったことも推測可能です。また、ほとんどの地域で差がなくなってきている「じ」と「ぢ」も、「ず」と「づ」も、表記が違うということはかつては区別されていた、つまり、別の音だったことを教えてくれます。英語でも、nightのつづりは、現在では発音されない-gh-の部分がなんらかの音を表していた(つまり、発音されていた)ことを示していると考えることができます。

しかし、文字は、たとえ表音文字であっても、発音をそのまま反映しているとはかぎりません。文字表記が実際の発音と異なる理由はいくつかありますが、重大な要因として三つ挙げることができます。一つは、表記が決まってから発音が変化してしまう(表記は変化を反映しないまま固定してしまう)ことです。例えば、かつては「言《い》ふ」の「ふ」は

★「存在した」と書きましたが、「を」をwoと(「ウォ」のように)発音したり、「お」とは違う音だと意識している地域もあります。ただ、これは文字上のことで、「男」や「乙女」を「ウォトコ」とか「ウォトメ」と発音するわけではなさそうですから(これらは本来「をとこ」「をとめ」なのです)、なんらかの教育的伝統のようなもののおかげで区別が残っているだけなのかもしれません。

そのまま（と言ってもfuのように）発音されていたと考えられるわけですが、発音が変わっても表記が固定してしばらく変化しなかったわけです。二つ目は、話し手が発音の微妙な違いを意識していない（発音が違うことに気づいていない）ことです。例えば、「飛んだ」「本場《ほんば》」「欄外《らんがい》」などに出てくる「ん」★の発音は現在の日本語でも異なるのですが、私たちは違いを知らないことが多いですね。三つ目は、表記には簡略化する力が働くので、必要な情報を伝えられるかぎり、発音の微妙な違いなどに関する情報は捨てられてしまう傾向があるということです。埼玉県に、クレヨンしんちゃんの住む「春日部」という都市があります。これは本来「粕壁」と表記したので「かすかべ」と発音しています。「春日部」と書くと「かすがべ」ですが、見栄えのよい漢字表記にしたときに実際の発音は重視されなかったことを表しています。

加えて、古代の発音は当然今と異なっているわけです。現在、標準語の母音はアイウエオの五つと考えることが多いわけですが、古代はもっと母音が多かったという説もあります。また、子音も現在とはかなり異なっていたと考えられています。音声変化をできるかぎり正確に把握することが日本語の起源を探る第一歩になるといっても過言ではないでしょう。

★高校までの古文で習ったと思いますが、「あり」や「なり」に助動詞「めり」がついた「あるめり」「なるめり」に当たるものが「あめり」「なめり」と表記されていることがあります。これは、「あんめり」「なんめり」と「ん」が入っていた可能性が高いのですが、書き手は「ん」の有無をあまり意識していなかったとも考えられるのです。

Q5　古代の日本語の母音は今より多かったというのはほんとですか？

古代の日本語には現代の五つの母音より多い数の母音があったと一般に考えられています。どういう母音があったのか、全部でいくつあったのかは諸説ありますが、もし六つ以上の母音があったのであれば、時間の経過とともに日本語では母音が減ってしまったことになります。ここでは日本語がどう変化したのかを、音と文字を中心に見てみましょう。

日本語の変遷過程

ことばの歴史を見るときには、時代ごとに区分するのが一般的です。伝統的な国語学の区分では、以下のように「上古語」「中古語」「中世語」「近世語」「近代語」と五つに分けるのが一般的ですが、近代語を終戦までとそれ以後に分け、それぞれを「近代語」と「現代語」として、六つに区分することもあります。

おおまかに日本語の歴史を見るときには、古代日本語（Old Japanese; OJ）と近代日本語（Modern Japanese; MJ）に、古代以前の日本語を原始日本語（Primitive Japanese; PJ）として加えます。古代日本語（OJ）が近代日本語（MJ）に変わるのは中世の時期ですが、この時期に現在の日本語の形を決めるような変化が生じています。例えば、動詞などが現代語式の活用になり、係り結びが行われなくなります。「行きけり」「行きたり」が「行っ

	上古語	中古語	中世語	近世語	近代語	
					近代語	現代語
三世紀以前	三〜八世紀	九〜十二世紀	十三〜十六世紀	十七世紀〜十九世紀後半	十九世紀後半〜二十世紀半ば	二十世紀半ば以降
文字資料のない時期	文字資料のある時期〜奈良時代	平安時代	鎌倉・室町時代	江戸時代	明治以降	終戦後
原始日本語（ＰＪ）	古代日本語（ＯＪ）			近代日本語（ＭＪ）		

た」の形になり、「飛んで」「買って」などの音便や「きょう（今日）」などの拗音《ようおん》が広まったのもこの時期です。「じ」と「ぢ」などの区別も近代日本語では、多くの地域で見られなくなります。ちょうど中世を境に、昔の日本語と今の日本語があると考えればいいわけです。

万葉仮名の使い分けの意味

『万葉集』や『古事記』が書かれた時代には、まだかなはありません。公式の文書は漢文を用いて書かれていたと考えられますが、それでも、地名や人名の固有名詞ややまとことばをそのまま表記しようとすると困ってしまいます。そこで、古代の日本人は漢字を現在のかなのように用いて表記することを考えました。「こ」であれば「古」と表記して、「古」という漢字の意味は無視してかなのように扱うというやり方です。これは万葉仮名と呼ばれています。橋本進吉★は万葉仮名を詳しく調べ、いくつかの文字で使い分けがあったことを指摘しました。これを「上代特殊仮名遣い」と言い、イ段では「キ・ヒ・ミ」、エ段では「ケ・ヘ・メ」、オ段では「コ・ソ・ト・ノ・モ・ヨ・ロ」(と濁音にも)使い分けが見られます。次の表で太字になっている文字です。

コ	**ゴ**	**ソ**	**ゾ**	**ト**	**ド**	**ノ**	ホ	ボ	**モ**	**ヨ**	**ロ**
ケ	ゲ	セ	ゼ	テ	デ	ネ	**ヘ**	**ベ**	**メ**		レ
ク	グ	ス	ズ	ツ	ヅ	ヌ	フ	ブ	ム	ユ	ル
キ	**ギ**	シ	ジ	チ	ヂ	ニ	**ヒ**	**ビ**	**ミ**		リ
カ	ガ	サ	ザ	タ	ダ	ナ	ハ	バ	マ	ヤ	ラ

例えば、「子」の「こ」という音を表すのには、「古・故・期・孤・胡」などの文字が

★橋本進吉(一八八二―一九四五)は、敦賀市生まれの国語学者です。国語音韻史が専門ですが、文法など多方面に業績を残しました。橋本以前に、上代特殊仮名遣いについて石塚龍麿(本居宣長の弟子)が指摘していたのですが、不完全な研究だったため日の目を見ることはありませんでした。橋本は独自に仮名の使い分けを発見したようですが、自分の手柄にせず、逆に埋もれていた石塚龍麿を紹介したといいます。

当てられているのですが、「心」の「こ」を表すのには「許・己・虚・去・巨」などが当てられています。橋本進吉は、前者を「甲類のコ」、後者を「乙類のコ」として区別しました。右の二十の文字について、甲類と乙類が区別できるわけです。

　この使い分けから、現代語では分かりにくいいくつかのことが分かります。例えば、「日」と「火」は、現代では同じように「ヒ」と発音するので、語源が同じかと思ってしまいますが、それぞれ甲類（ɸi）★、乙類（ɸï）であることから、異なる語源から生じたということが推定できるのです。同じように、「カミ」という音でも、「神」（乙類：kamï）と「上」（甲類：kami）は別の語だと分かるので、神様は天上すなわち、「上」にいるから「かみ」なのだとする誤った語源説を退けることができるわけです。

　橋本進吉は、甲類をki/ke/koのように、乙類をkï/kë/köのように表記しました。このため、一般には古代の日本語に、i/e/a/o/uの五つ以外にï/ë/öの三つの母音があり、八つの母音があると理解されたのですが、こういう母音の体系をもつ言語はほとんど例がなく、体系としても不自然なのです。また、八母音なのだとしたら、イ段とエ段はなぜカ行・ハ行・マ行（とその濁音）以外では使い分けがないのかも問題になります。となると、単純に八母音だったとはいえないわけです。現在では八母音とする説以外に、七母音とする説、六母音とする説、五母音であって書き分けは二重母音や子音の口蓋化★の反映だとする説など、いくつかあり、定説はまだありません。

★ɸという発音記号は、英語などでは出てこないのでなじみがないかもしれませんが、日本語の「フ」の一般的な子音です。ろうそくの火を吹き消すときに「ふー」と息を出すと、唇がすぼまって、空気の摩擦が生じます。この音がɸです。ɸïは「フィ」と同じような音になります。

★「口蓋化《こうがいか》」とは、調音点（舌の接触点や狭めを作る位置）が硬口蓋（口のなかの天井の固い部分）に近づくことを指します。

むかし、母は「パパ」だった!?

日本語のハ行は、実は一般に三つの子音が使われていることが多いのですが、かつては違う発音だったと考えられています。上田万年《かずとし》★は「P音考」という論文で、現代の「ハ」(ha)はかつて「ファ」(ɸa)であり、さらに古い時代には「パ」(pa)だったという考えを示しました。これは、「花」を「ファナ」と発音する方言や「パナ」とする方言があることや、室町時代の文献で「母と言うと唇が二回合わさる」★という記述があることなどいくつか証拠となる事実が確認されています。「はは」は上古以前には、papaあるいはpaɸaと発音されていたと考えられるのです。ハ行がかつてパ行だったのであれば、「光る」ことを表す擬態語「ぴかり」は、「ひかり」の古形であることも考えられますね。

また、サ行は現在のような「サ・シ・ス・セ・ソ」ではなく、「チャ・チ・チュ・チェ・チョ」(tʃa/tʃi/tʃu/tʃe/tʃo)(あるいは「ツァ・チ・ツ・チェ・ツォ」(tsa/tʃi/tsu/tʃe/tso))であったと考えられています。「すずめ」という鳥がいますが、「め」★は「鳥」を意味し、「すずめ」が鳴き声を指していたという語源説が有力です。「すず」は鳴き声としてはかけ離れているように感じますが、「す」が「ちゅ」ならば「ちゅんちゅん」という鳴き声が転じたものと考えることができるでしょう。その後、サ行は「さ・し・す・しぇ・そ」のように発音されるようになります。「せ」ではなく「しぇ」と発音していたのです。室町時代の京都でもこの発音だったのですが、関東では「せ」と発音しており、現在の発音

★上田万年(一八六七―一九三七)は、ドイツで言語学を学び、比較言語学の知識を基礎に日本語の系統論や歴史を研究しました。橋本進吉をはじめ多くの後進を育てたことでも知られています。

★「母」を[haha]と発音すると、口は開いたままで唇は合わさりません。hでなくɸで発音すると両唇はくっつかないまでもかなり接近しますから、「合わさった」感じになります。実はpで発音すると両唇が接触しますが、現在ではpではなくɸだったと考えられています。

★この「め」は、「つばめ(古くは、つばくらめ)」「かもめ(古くは、かまめ)」「すずめ」などに見られます。

はこの関東式の「せ」を受け継いだものです。ただし、今でも「背中」を「しぇなか」と発音する方言が、九州や東北などに見られます。古い発音が残っているのです。

もし、上古語で「シ」が「チ」だったら、「チ」はどんな音だったのかと疑問に思う人もいるでしょうが、タ行は ta/ti/tu/te/to、つまりカナで書けば「タ・ティ・トゥ・テ・ト」だったと考えられています。これは、中世の終わりには現代風の「チ・ツ」になったようです。

上古語には、音便はなかったと考えられています。音便とは、「白く」を「しろう」というウ音便、「炊きて」が「たいて」になるイ音便、「死にて」が「しんで」となる撥音便、「取りて」が「とって」となる促音便のことですが、これは中古語から見られるようになります。ちいさい「や・ゆ・よ」を用いて書く「きゃ・きゅ・きょ」などの音を拗音《ようおん》と言いますが、これも本来の日本語にはなく、漢語の影響で使われるようになったと考えられています。漢語が外来語として広く取り入れられた平安時代以降、広まっていきます。

中世語では、連声《れんじょう》という現象も見られました。しかし、その後徐々に衰退し、現在では限られた単語に痕跡をとどめているだけです。例えば、「因縁《いんねん》」という語は、「因《いん》」と「縁《えん》」の連続ですから、そのままなら「いんえん」になるはずです。しかし、nで終わる音のあとに「アイウエオ」がくると「ナニヌネノ」に変わるという現象が見られ、「いんねん」という発音になったわけです。この種の音変化現象を連声★と言います。

★一般に、連声は、n、m、tで終わる語のあとに、ア・ヤ・ワ行の音が続くと、マ行・ナ行・タ行の音に変化するものと説明できます。

「三位《さんみ》」「反応《はんのう》」などもこの連声の痕跡を残しているものです。当初、これは漢語にのみ生じたのですが、後には和語でも見られるようになり、「人間《にんげん》は」を「人間な」とする連声が観察されるようになります。これは、nで終わる音にワ行音（wa）が続いたために、「わ」が「な」に変化したというものです。この連声の痕跡は、標準語などには残っていませんが、九州方言の一部などには残っています。

また、「ゐ・ゑ・を」という文字があることから推測できるように、ワ行はウ段以外はア行と異なり、wa/wi/we/woと発音されており、ヤ行の「え」もje★と発音され、ア行の「エ」とは区別されていました。しかし、「を」（wo）と「お」（o）はその後合流してwoになり、ア行の「え」とヤ行の「え」も合流してjeになったのですが、近世になるとwoがoに、jeがeに変化して現代語と同じになったのです。

四つ仮名が教えるもの

「じ」と「ぢ」を発音し分けてください。それから、「ず」と「づ」も発音し分けてみてください。東京をはじめ、多くの地域では、「じ」も「ぢ」も、「ず」と「づ」も同じ発音になっています。高知県の土佐中村方言はいずれも区別する方言として有名ですが、伝統的に区別が残っていた方言でも徐々に失われつつあることは確かです。

現在では、「じ」も「ぢ」もdʒiと発音され、「ず」も「づ」もdzuと発音されるのが一般的です。文字は、「じ」「ず」を使うことが多いですね。「地面」はもともと「ぢ

★このjは発音記号として使うもので「ヨット」と呼びます。ヤ行の子音を表していると考えてください。従って、jeは「ジェ」ではありません。「イェ」です。

めん」ですが、「じめん」と書くことが多いし、「図」や「頭巾」は本来「づ」「づきん」ですが、現代仮名づかいでは「ず」「ずきん」とします。しかし、「じ」や「ず」を使っていても、実際の発音は「ぢ」「づ」なのです。「し」（ʃi）がそのまま濁れば ʒi になるはずであり、「す」（su）がそのまま濁れば zu になるはずです。ʒi も zu も摩擦音で、舌先が歯や歯茎にくっつかずに出す音ですが、これは多くの日本人にとっては練習しないとうまく出せない音です。一方、「ち」（tʃi）が濁ると dʒi に、「つ」（tsu）が濁ると dzu になります。これが現在「じ・ぢ」「ず・づ」として使われている音です。理論的な対応と、実際の発音を表にしてみましょう。

理論的な対応関係

し	ʃi		じ	ʒi
ち	tʃi		ぢ	dʒi

す	su		ず	zu
つ	tsu		づ	dzu

実際の現代日本語の発音

し	ʃi			ʒi
ち	tʃi		じ・ぢ	dʒi

す	su			zu
つ	tsu		ず・づ	dzu

発音が変わっても定着した表記法や文字は変わらないことが多いのはどの言語にも当てはまることです。いわば、文字表記は保守的なのです。「これは要りません」の「は」はhaではなくwaと発音しますが、これは語頭以外でハ行がワ行に転じたという中古の変化以前の表記法をそのまま踏襲しているからです。「言ふ」はiɸuと文字どおり発音されていたのですが、語中語尾の「はひふへほ」は「わいうえお」になったため、平安時代以降ずっと文字と発音がずれたままだったわけです。現在では、「いう」と書きますが、「ゆー」と発音する人が多いので、今でもずれたままといえるでしょう。発音の変化は短い期間に生じることもありますが、文字表記はみんなに知ってもらって使ってもらうのに時間がかかりますからそう簡単に変えるわけにはいかないのです。

カナはどうやってできたか

もともと日本には固有の文字はありませんでした。中国から漢字が伝わった正確な時期は分かりませんが、五世紀★には伝来していたと考えられます。当初、公式文書などは漢文で書いていたわけですが、日本語の人名・地名などの固有名詞は音写して表さなければなりませんし、やまとことばで書かれた和歌などを書きとどめる場合にも工夫が必要になります。それで、漢字を表音文字として用いる万葉仮名が用いられたわけです。

カタカナとひらがなでは、カタカナが先にできたことが分かっています。カタカナは八世紀のうちに整備され、九世紀の初め（平安初期）から文献などに現れるようになりま

★『魏志倭人伝』などには日本から外交文書が届いたという記述がありますが、これが本当であれば、三世紀にはすでに漢字が伝来していたということになります。ただし、伝来してしばらくは使える人が限られており、広く普及するのにはかなりの時間がかかったと思われます。

す。ひらがなは、カタカナに一世紀ほど遅れ、九世紀のうちに整備されて、十世紀あたりから広く使われ始めます。ただし、しばらくの間は、ひとつの文字の書き方にいくつか種類があり、安定しない時期が続いたようです。

吉備真備★がカタカナを発明したという俗説がありますが、現在では、これは誤りで、南都六宗の学僧たちの間で徐々に整備されていったと考えられています。漢字の正確な発音を覚えるのに、漢字を使うのは大変ですし、初心者には難しいことだったはずです。しかし、我々が英語などの外国語を勉強するときにカタカナで読みをメモするようにできれば、初心者でもそんなにハードルは高くありません。カナは、奈良時代のお坊さんたちが漢語を学ぶ際の書き込みメモ用の文字だったというわけです。基本的にいずれも漢字を省略して作られたとされていますが、すべて起源が分かっているわけではありません。「多」から作られた「タ」や「伊」からつくられた「イ」などは起源がはっきりしていますが、「ン」などいまだに諸説あって起源が確定していないものもあるのです。

現在、濁点を表す「゛」という記号が広く使われていますが、このやり方が普及したのはそれほど遠い昔のことではありません。最近まで法律の条文などでは「…すべからず」というのを「…スヘカラス」などと、濁点をつけずに書いていました。この場合、「ス」が「す」なのか「ず」なのかは読んでみなければ分かりません。濁点を表す方法はかなの成立初期からさまざまあり、「・」や「、」を文字の下や横につける方法が知ら

★吉備真備《きびのまきび》（六九五―七七五）は、唐に留学した学僧でしたが、のちに政治家として権勢を振るいました。藤原広嗣《ひろつぐ》が、吉備真備を排除するために反乱を起こしたものの失敗したと、日本史で習った記憶があります。おそらく当時学識も権力も備えていた吉備真備がカタカナを発明したとしたほうが、なんとなく説得力があると思われたのでしょう。同じように、ひらがなの作者を弘法大師（空海）とする説もあるのですが、成立年代とずれがあり、これも正しくないことが分かっています。

れています。のちに「・」を二つ文字の右下につける方式が広く行われるようになり、その後、江戸時代になってからその位置が右上に固定して現在のようなやり方になったといわれています。

今も発音の変化は続いている

近代以降も発音の変化は続いています。特に、西洋語からたくさんの外来語が取り入れられるようになって、従来の日本語にはなかった音が使われるようになってきました。例えば、「フェ」(ɸe)とか「ツェ」(tse)という音は、上古の日本語では見られましたが、近代以降の日本語では基本的に用いませんでした。「ウェ」(we)なども失われたはずでした。しかし、これらは外来語を中心に現在の日本語で用いられており、多くの日本人が難なく発音できるようになっています。

例えば、タ行には三つの子音が出てくるわけですが、「タチツテト」と「チャ・チュ・チョ」だけでなく、tを子音とする「タ・ティ(ti)・トゥ(tu)・テ・ト」も、ʧを子音とする「チャ・チ・チュ・チェ(ʧe)・チョ」も、tsを子音とする「ツァ(tsa)・ツィ(tsi)・ツ・ツェ(tse)・ツォ(tso)」も用いられているわけです。Todayは「ツデー」ではなく「トゥデー」と書くのが普通でしょうし、「ツェツェばえ」や「カンツォーネ」も一般に使われていますね。お茶も「テー」「チー」ではなく、「ティー」と言うのが普通になっています。なかには、「ティッシュ」などは発音しにくいので「テッシュ」と言う人もいますが、若年層では「ティ」という発音を難しいと思う人は少なくなってきました。

このほかに、ɸを子音とする「ファ・フィ・フェ・フォ」や、dを子音とする「ディ・ドゥ」、wを子音とする「ウィ・ウェ・ウォ」なども用いられています。ただし、これらはもともと子音自体は日本語のなかにあったものです。dはa、e、oとは結びついて「ダ・デ・ド」と用いたものの、iやuとは結びつかず、di「ディ」の代わりに「ヂ」が、du「ドゥ」の代わりに「ヅ」が用いられていたに過ぎません。つまり、「材料はあったけれどもそういう結びつけ方はしなかった」というだけのことなのです。例えば、英語のthinkのthの[θ]やlightの[l]は日本語としては使われていませんが、これはもともと日本語にそういう音自体がなかったからです。

これらの音は、主に外来語に使われるのですが、和語でも使われないわけではありません。「真《ま》っ青《さお》」を「まっつぁお」と言う場合や、「ごちそうさま」を「ごっつぉおさま」と言う場合など、話し言葉では出てくることがあります。また、東京方言をはじめとするいくつかの方言では、ai「アイ」という二重母音がe:「エー」という長母音になることがあり、「スゴイ」(sugoi)を「スゲー」(suge:)とする変化が観察できます。「恐い」(kowai)は、「コエー」(koe:)とwが脱落する発音が多いのですが、近年、「コウェー」★(kowe:)と発音する人も増えてきました。

★私の観察では、スポーツコメンテーターの花田勝氏(元横綱若乃花)が「恐い」をkoe:でなく、kowe:と発音しておりました。

Q6　どうして現代語には係り結びがないのですか？

古典文法を少し勉強すれば、かつての日本語には「係り結び」と呼ばれる現象があったことが分かります。卒業式で歌う「仰げば尊し」にも「今こそわかれめ」★と出てきますが、私たちが普段使う話し言葉には係り結びはありません。昔はあったのに今はないということは、消滅したということになりますね。では、なぜ消滅したのかということですが、「係り結びなんてめんどくさいからやめちゃったんだよ」と思う人も多いかもしれません。しかし、必ずしもこれは正しくありません。

係り結びがなくなった理由

係り結びとは、係助詞のついた名詞句を受ける述部の活用形が指定される呼応現象のことですが、ちょっと難しい言い方ですね。簡単にいえば、「Xぞ」ときたら受ける動詞が連体形になり、「Xこそ」ときたら受ける動詞は已然形になる、というような規則のことです。高校までの古典文法では、「は・も」★は終止形で受けるということはあまり強調しませんが、これも係り結びの一種とするのが一般的です。係助詞の「ぞ・なむ・や・か」「こそ」「は・も」がつくことで、以下のように「けり」という助動詞の活用が変わります。

★これは、「今こそ」の「こそ」を受けて、「わかれむ」（分かれよう）の「む」が已然形の「め」になって「分かれめ」となったものですが、「分かれ目」の意味も引っかけているのでしょう。私も小学校のときは「分かれ目」の意味だと思い込んでいましたが、中学で係り結びを習って已然形だと知りました。それから「すぎの戸を開けてぞ」が「杉の戸」と「過ぎの戸」の掛詞だと知って感心した覚えがあります。この「ぞ」も「わかれゆく」という連体形と係り結びを作っていますが、これは連体と終止が同じですから、区別がつきませんね。

★文が終わる場合、通常述語は終止形になりますから、呼応という感じは希薄です。また、終止形で終わるのであれば、通常の文とあまり区別がありませんから、試験にも出す意味があまりなく、その結果、強調されないのかもしれません。

係り結びでない場合	月　いでにけり
「ぞ・なむ・や・か」＋連体形	月ぞ　いでにける
「こそ」＋已然形	月こそいでにけれ
「は・も」＋終止形	月も　いでにけり

係り結びは、倒置から発生したという説があり、当初は微妙な意味の差があったようですが、平安時代になると平叙文では係り結びは単なる強調と理解されるようになっていました。強調を表す表現は、多用され長く使われていくうちに強調の働きが薄まる★傾向があります。そして、もう一つ重大な変化が中古から中世にかけて生じました。活用のかたちの変化です。

古典文法では、動詞を活用のタイプで分類すると、変格活用も含めて九つあります。現代文法では五つだけです。四つ減ったことになるわけですが、これは次のような変化があったからです。

高校までの文法の時間に、未然形・連用形・終止形・連体形・已然形・命令形という六つの活用形を聞いたことがあると思いますが、現在の日本語では動詞も形容詞も、終止形と連体形は例外なくすべて同じ形です。つまり、終止形と連体形を区別する必要は

★強調を表すことばは、いわば「使い減り」すると考えたほうがいいかもしれません。これは短い時間でも生じます。例えば、最初「すごいよ」と言っていたものが徐々にインパクトがなくなり、「ちょーすごいよ」となり、さらに「ちょーちょーすごいよ」となったりしますね。これは、強調表現にインパクトがなくなり、強調の機能が低下していることを示しています。

OJ（古代日本語）		MJ（近代日本語）
四段（「咲く」など） ナ行変格（「死ぬ」） ラ行変格（「あり」など） 下一段（「蹴る」）	→	五段動詞
上一段（「着る」） 上二段（「落つ」）	→	上一段
下二段（「流る」など）	→	下一段
カ行変格（「来る」）	→	カ行変格
サ行変格（「す」など）	→	サ行変格

なく、活用形は六つも要らない状況になっているのです。かつては、四段動詞と上一段動詞と下一段動詞以外では、終止形と連体形は異なっていました。次のページに活用表をのせておきます。

活用表にアレルギーがある人もいるでしょうが、終止と連体だけの表ですからちょっと我慢して見てください

OJ（古代日本語）		
種別	終止形	連体形
上二段	過ぐ	過ぐる
下二段	告ぐ	告ぐる
上二段	起く	起くる
下二段	助く	助くる
カ変	来	来る
サ変	す	する

MJ（近代日本語）		
種別	終止形	連体形
上一段	過ぎる	過ぎる
下一段	告げる	告げる
上二段	起きる	起きる
下一段	助ける	助ける
カ変	来る	来る
サ変	する	する

近代日本語では、終止形と連体形は同じです。古代日本語では、上二段・下二段・カ変・サ変は、終止形と連体形の形が違っていたわけですが、これが、同じになったということは、どちらか一方が吸収されてしまったと考えることができます。それで、古代日本語のほうの終止形と連体形を近代日本語と比べてみてください。古代日本語の連体形のほうが近代日本語とまったく同じか、同じでなくても近いことが分かります。このことから、古代日本語の終止形が連体形に吸収された結果、近代日本語では終止形と連体形が同一の形になったといえるわけです。もちろん、すべての動詞で連体形が終止形を飲みこんだわけではなく、「死ぬ」★のように逆のケースもあります。

★ナ変動詞「死ぬ」は連体形が「死ぬる」でしたが、連体形が「死ぬ」になり、五段動詞化しました。

係り結びのメインは、「ぞ・なむ・や・か」の係り部分を、連体形で受けて結ぶものだったわけですが、終止形と連体形が同じであれば、呼応しているかどうかはっきりしなくなります。「は・も」はもともと終止形で受けており、結びが形の上ではっきりしていなかったので、形ではっきり表せるのは「こそ」だけということになるわけです。そこに、単純な強調に用いられるだけで、強調の働きも薄れるという状況が重なったのです。係り結びが衰退していくのは避けられなかったと言っていいかもしれません。

舌足らずな「あぶないです」

ある友人が、駅のアナウンスで「電車が来ますから、危ないです。下がってください」と言うのを聞いて、「『危ないです』というのは、どうにも舌ったらずで、違和感のある言い方だ」と私に言いました。通常の言語感覚を持ち合わせていれば、この「危ないです」は少し未熟な感じがするでしょう。これは、実は「です」の由来と関係があります。

「です」は「で候《さふら》ふ」が、「でそうろう」から「です」になった結果だといわれています。「で」は格助詞の「で」ですが、この格助詞は平安初期にはまだ見られません。広く使われるようになるのは中世以降です。これは、格助詞の「に」に接続助詞の「て」がついて、「にて（nite）⬇んで★（nde）⬇で（de）」と変化して生じたといわれています。格助詞の「に」は、「山に」「尾張の国に」と名詞にはつきますが、「*やさしいに」のよ

★「んで」の「ん」はそれほどはっきりした発音ではなく、「ンデ」のように表記することもあります。これは、本来鼻から抜けない「デ」を鼻から抜かすように発音するもので「前鼻音化」と言うのですが、最初に「ん」のような音が聞こえるので、こう表記するわけです。前鼻音化がなくなると「で」だけになりますが、現代語の「で」はこうしてできたものです。

うに形容詞にはつきません。「で」が「にて」の変化したものである以上、形容詞に「で」はつかないわけですし、従って、形容詞に「です」もつかないはずなのです。しかし、われわれはこのような語源意識が希薄になっています。また、名詞と振る舞いが近い形容動詞は「危険で」「危険です」と使うことが可能です。名詞や形容動詞と同じように使おうとすれば、形容詞も「です」につけて使うことになります。動詞は「食べます」のように「ます」をつけますが、形容詞は「*やさしいます」とは使えませんから、その意味でも「です」をつける必要があったといえるでしょう。しかし、もともと形容詞に「で」はつかないのを無理やり使っているので、「おいしいです」「やさしいです」には舌足らずな感じが伴うわけです。

一方、「ます」は、「参《まゐ》らす」が転じたものと考えられていますが、「申す」の影響もあったかもしれません。「つき参らす」や「つき申す」のような複合動詞で使っていたものが最初の形なので、「ます」は動詞にしかつきません。これに対して、「です」は名詞・形容動詞・形容詞につくわけです。「つくのです」のようにすれば、動詞に「です」がつきますが、これは「の」によって「つくの」の部分が名詞に相当する要素になっているので、厳密には、名詞についているのと同じ扱いです。

過去が消えるという変化

小学生の男の子がお母さんに「ねえ、『怒《いか》れる日本人』って、怒《おこ》ることができる日本人って意味なの？」と聞いているところを見たことがあります。確かに「いかれる」は可能形と同じですが、これは違いますね。「怒ることができる」ではなく、「怒っている」の意味です。これは上古から中世にかけて用いられた「り」という助動詞が残存的に使われているものです。「凍っている」という意味で「凍れる海」のように使うことがありますから、現在でも細々と生き残っているといえますが、①連体形でしか使わない、②硬い書き言葉の文体で使う、という特徴があります。この「り」は「…ている」という意味を表すのですが、歴史的に見ると徐々に「たり」に取って代わられ、中世以降あまり使われなくなりました。現代の日本語でも使われているのが不思議なくらいです。

「り」と「たり」は、完了の助動詞と習うことがあるようですが、「何かをした結果・状態が今も続いている」というのが意味の中心ですから、存続としたほうがいいでしょう。このほかに古語では、「つ」「ぬ」という完了の助動詞、「き」「けり」という過去の助動詞が用いられていました。「雨降りぬ」とは言っても「※雨降りつ」とは言わなかったことなどから、「ぬ★」は意図的でない完了、「つ」は意図的な完了と使い分けられていたようです。また、「き★」はすでにその場にはないことを過去のこととして示し、「けり」は過去のことを思い出しつつ示す回想過去で、用法が異なっていました。過去と完了は紛らわしいようですが、「き」はある程度時間が経過した過去の出来事、「つ」は比較的起きて間のない出来事という使い分けも見られました。何日かたっていれば「言ひ

★「忘れつ」と「忘れぬ」などでは、意図的と非意図的という使い分けがあるのか疑問があることは事実です。ただ、「忘れぬ」のほうが自然にそうなったという変化を意味し、「忘れつ」のほうが明確な完了を示すとはいえそうですから、それほど厳密ではないにしろ、意図的と非意図的という区分で説明することは可能でしょう。

★高校までの国語では、「き」は直接体験したことを示す直接過去、「けり」は伝聞した間接過去と習ったかもしれませんね。これは、細江逸記の説に基づくものですが、現在ではあまり支持されていません。「けり」の詠嘆の用法は「間接性」からは出てきませんが、思い出して感慨にふけることはあるでしょうから「回想」のほうが適切な説明といえるでしょう。

き」、今さっきのことであれば「言ひつ」というように表すわけです。しかし、「き」「けり」も「つ」「ぬ」もその後衰退し、近世になると話しことばでは使われなくなりました。「り」は「たり」に取って代わられて使われなくなりましたから、結局、これら六つの助動詞で生き残ったのは「たり」だけです。しかも「たり」もそのままの形で生き残ったわけではありません。結局、過去や完了を表す助動詞はあらかた消えてしまった、というわけです。

現代語では、「その人は言った」のようにタをつける形で過去を表します。このタは「たり」が変化したものです。「言ひたり」の「り」が落ちて音便★が生じると、「言った」になるわけです。現代語では、過去も完了も、このタに合流してしまいました。このため、タが過去という時制に関わる意味と完了というアスペクトに関わる意味の両方を担っているわけです。

過去や完了の助動詞は衰退・消失したり、変化したりしましたが、あまり変化しないものもあります。受け身の「る」「らる」は、「れる」「られる」となりましたが、そのまま使われています。また、使役の「す」「さす」も、「せる」「させる」の形で使われています。

意志や推量の「む」は、現代語では「う」になっています。「書かむ」は「書かう」になりますが、au という母音の連続は uː という長母音になりますから、「カコー」（表記上は「書こう」）となるわけです。「見む」「食べむ」など「む」の前に e か i の母音があ

★ここは、「ひ」が小さいツで表す促音（つまる音）に変わる「促音便」になっています。この種の音便は一定の条件を満たすものについて規則的に生じます。

るときは「む」は「う」だけではなくて「よう★」になり、「見よう」「食べよう」となります。ただし、この「う」「よう」は「む」のように意志と推量の両方に使うわけではなく、主に意志と意志から派生した勧誘の意味にのみ用い、推量の意味では今は使いません。「雨が降るだろう」という意味で「雨が降ろう」とは言いませんね。ただし、古めかしい言い方では「明日は雨になろう」のような言い方をしないわけではありませんし、「だろう★」という推量の助動詞の「う」は「む」の変化したものですから、推量の用法が消えてしまったわけでもありません。

つぎはぎだらけの「だ」

「だろう」の「だ」は、「人間だ」と使うもので、指定の助動詞などと説明されます。これは、「人間だろう」「人間だった」「人間で」「人間だ」「人間の」「人間なのに」「人間なら」と使いますから、活用表をつくると次のようになります。

未然	連用	終止	連体	仮定	命令
だろ	だっ・で	だ	な・の	なら	×

★これは、iu や eu が「ヨー」になったわけではありません。というのは e や i は消えずにそのまま残っているからです。「書こう」と同じように、「む」の位置に「オー」という長母音が使われたのですが、「ミ・オー」「タベ・オー」のように母音がぶつかると発音しにくいため、e や i という母音からスムーズに「オー」という母音に移っていけるように「ヨー」になったと考えるべきでしょう。これは、「書く」などの四段動詞(現代では五段動詞)は kak までが語幹で、子音で終わっているのに対して、「見る」や「食べる」は「見(mi)」「食べ(tabe)」が語幹で母音終わりになっていることとも関係があります。

★「だろう」は、「だ」の未然形「だろ」と「う」という二つの助動詞が合わさったものとすることも少なくありませんが、時枝誠記《もとき》のように「だろう」を一つの助動詞とする見方もあります。

「だ」の活用に「な」や「なら」や助詞の「で」「の」のようなものもあって、つぎはぎだらけに見えます。これは、「だ」がもともといろんな要素の寄せ集めであることによります。

断定の助動詞「なり」の連用形「に」と接続助詞の「て」と動詞の「ある」がくっついて「にてある」になり、「にて」は「で」に変化しますから「である」になり、「る」が消失して「であ」になって、これが関西では「ぢゃ」、関東では「だ」と用いられるようになったものなのです。室町時代には「ぢゃ」「だ」が出現していたようですが、近世初期の江戸では上方語の「ぢゃ」と地元の柄の悪いことばとしての「だ」が共存していました。のちに「ぢゃ」が衰退して、現代語の「だ」になったわけです。「だ」という、たった一文字で表しますが、実は三つの要素が溶け合っているのです。連体形の「な」は「なり」という助動詞の連体形「なる」の「る」が消えたもの、「なら」は「なり」の未然形が引き継がれたもの、また、連用形の「で」は「にて」が融合した形です。連体形の「の」は、「斎藤さんは愛妻家だ」を「愛妻家の斎藤さん」のように「の」が実質的に「だ」の連体修飾に使われるために入っています。「だ」の活用にも歴史あり、といったところですが、現代日本語だけを見るとどうしてこんなに不揃いなのかと不思議に思うことでしょう。

格助詞は昔のままか

助動詞は、多少形が変わってもそのまま使っているものもありますが、使わなくなったものや由来が分からないほど変化したものも少なくありません。一方、格助詞の「が」「を」「に」などは古語にもありますし、現代語にもあり、形はほとんど変わっていません。では、格助詞は昔のままなのでしょうか?

「が」は主語であることを示す主格の格助詞と説明されますが、上古では「鳥、鳴く。」のように使い、述語(ここでは「鳴く」)が終止形のときは「が」を使いませんでした。しかし、述語が連体形のときには「鳥が鳴くとき」のように「が」を使っていました。これは「鳥の鳴くとき」としてもいいので、「が」と「の」のはたらきがかなり重なっていたといえます。つまり、単純な文では主語には「が」をつけず、「月、出づ」「花、散りぬ」のように名詞をむきだしで示していたわけです。助詞をつけなくても分かるのかという心配は無用です。現代英語は★、主語にも目的語にも前置詞はつけませんし、現在でも話し言葉なら、「僕、今日は、ご飯食べない」のように「が」や「を」をつけずに言うことがあるでしょう。主語や目的語は述語となる動詞とかかわりが深いので、一般に、格助詞がなくても意味が通じるものなのです。

「が」は「我が家」のように使う連用修飾の用法が本来の用法でした。それが、室町時代になると現代語と同じように「鳥が鳴く。」のように使われるように変化したのです。これは、ちょうど連体形が終止形を取りこんでしまった時期のことですから、連体

★もっとも、英語は語順で主語や目的語を示すことが可能ですから、日本語のように語順で主語や目的語が分かるわけではない言語の場合とは少々事情が違うのですが。

形の動詞のときに「が」を使うという規則が意味をなさなくなったことと表裏をなしていると考えられています。動詞の活用形の変化は、係り結びの消失や格助詞の変化を引き起こす重大な変化だったといえますね。

「を」は古くは感動を表す感動詞で、これが間投助詞に用いられるようになり、それが格助詞に転用されたと考えることが多いのですが、すでに上古に間投助詞としても格助詞としても使われているので文献で確かめることは困難なのが実情です。万葉集の「つゐにゆく道とはかねて聞きしかどきのふ今日とは思はざりしを」の「を」などが間投助詞の用法で、「思わなかったのになあ」というように情感を込めて述べる役割をもっており、論理関係を示すものではありませんでした。「を」は、「みんなが困っているのを、ぼくだけ一人で遊びに行けるわけないじゃないか」のように使う接続助詞の用法もあることから、★もともとは対象を表していたのではなく、だんだん対象を表す用法を確立させてきたと見るべきでしょう。

今では、「学校に行く」と「学校へ行く」はどう違うかと尋ねられても、ほとんどの人が同じと答えるでしょう。「へ」はもともと「この辺・このあたり」と言うときの「辺・あたり」の意味の名詞「へ」が助詞に転じたもので、上古には《方向》を意味していたと考えられています。「に」はもともとは到着点の意味でした。従って、「学校へ行く」というのは、本来の意味では、「学校のほうへ行く」だけでいいのであって、別に学校に着かなくてもいいわけです。「学校に行く」は、行き先として到着したのが学

★居眠りしている生徒を先生が、「おい、なに、居眠りしているんだ?」と起こすことがあります。このような「なに」は俗用ですが、無理に格助詞を補うとすれば「なにを」となるでしょう。しかし、「居眠りする」は他動詞ではありませんし、「…を居眠りする」という論理関係もおかしいですね。「を」には対象という位置づけでは説明できない用法があることを考えないといけません。

校ということです。しかし、この二つの意味は近くて紛らわしくなります。このため、平安時代には「へ」を「に」の代わりに使うようになってしまったのです。とはいえ、「へ」は本来は名詞だったので、「学校への道」のように「の」をつける形にできますが、「に」は現代でも「※学校にの道」とは使えないわけです。

本来、文法的な要素でなかったものが文法的な要素になることを「文法化」と言いますが、現代語には文法化によって格助詞のようなはたらきをもつようになったものがたくさんあります。「…につれて」「…について」「…に従って」など述語と直接的な意味関係をもちうるものがあり、これらは格助詞に相当するはたらきをもっていると見ることもできます。少なくとも英語の前置詞に相当する機能をもっていることは確かです。通常、格助詞というと「が★・を・に・へ・で・と・から・まで・より・の」などを指しますが、これはこれ以上分解できない最小単位になっています。「について」は、さらに分解できる合成的な単位ですが、はたらきだけを考えればこの種のものも整理して格助詞に含めていくことが考えられます。

★「から」「まで」「より」「の」については、格助詞としない説もあります。また、「で」は「にて」に戻して考えれば、分解することが可能です。

Q7 「あした」が「朝」の意味から「明日」の意味に変わったのはどうしてですか?

ドイツ語では名詞のMorgenが「朝」、副詞のmorgenが「明日」を意味します。スペイン語のmañanaも名詞では「朝」、副詞では「明日」の意味です。また、英語のtomorrowのmorrowも古語で「朝」の意味でした。こうなると、日本語でも同じようなことがあるのかと考えてしまいます。確かに、本来「あした」は「朝」の意味でしたが、現★代語では今日から見た翌日、つまり「明日」の意味で使います。どういう変化が起こったのでしょうか。

単語の変化はまわりを巻きこむ

よく考えてみると、「あした」が「朝」であるにしろ「明日」であるにしろ、これとは別に「あさ」という語も「あす」という語もあるわけです。実は、関連するこれらの語についても考える必要があります。「あした」の意味変化を説明するのは、実はそれほど難しくありません。これは、単なる「朝」だったのが「翌朝」の意味になり、それから「翌日」という意味に変化していったものです。変化の背景をちょっと考えてみましょう。

一日はいつ始まりますか? 現代では、一日の始まりは「朝」と考える人が多いので

★もちろん、古くからある言い回しには、「朝《あした》に道を聞かば、夕べに死すとも可なり」のように残っています。

はないでしょうか。古代にもそういう捉え方がありましたが、それとは別に夜を中心に「夕方★」から始まる次のような時間観もあったのです。

ゆふべ→よひ→よなか→あかとき→あした

つまり、夜は「ゆふべ」で始まり、「あした」で終わるわけです。こういう捉え方では、「あした」は「翌朝」の意味に理解されやすくなります。本来は、「あした」が「夜が終わったあとの時間帯としての朝」のことであったのに実際に使っているなかで特定の日の朝を指すことが多くなるのは、現代語と同じです。「朝、昔の恋人に会っちゃった」と言えば、「今朝」のことですね。古語でも、最初は「あくるあした」（明朝）と言っていたものが「あした」と言えば「翌朝」と理解されるようになったわけです。

では、「あさ」ということばは使われなかったのでしょうか。この時期、「あさ」は「あさゆふ（朝夕）」や「あさぎり（朝霧）」という形で複合語に使うのが一般的で、単独ではあまり使いませんでした。しかし、「あした」が「明日」の意味になると、「あさ」を表す専用の語が必要になり、「朝」が単独で広く用いられるようになります。「あす」はもともと「明日」を意味する語でしたが、徐々に「あした」にとって代わられていきます。「あす」「あした」は、並存の時期が長く続きましたが、「あした」のほうが一般的

★「夕方」のことを今でも「逢魔が時（おうまがとき）」と言いますね。これは、もともと「大禍時（おほまがとき）」の意味で、「まがまがしい（＝不吉で恐ろしい）」こと、禍が起こりやすい時刻という意味でしたが、魔物に出くわしやすい時刻と解釈されるようになり、「逢魔が時」と書くようになりました。夕方を意味する「たそがれ（黄昏）」が「誰ぞ彼（＝あやつは誰か）」に由来するように、夕闇はちょうど誰が誰だか分からなくなる時間帯です。いにしえ人には、魔界への扉が開く、そんな魔の時の入り口のように夕方を思っていたのかもしれません。

に使われるようになります。今では「あす」は文章語という位置づけが強いものの、消えてしまったわけではありません。つまり、「あした」が「朝」の意味では使われなくなり、「明日」の意味で一般に使われるようになったことで、「あさ」という形が独立形として使われるようになり、もともとあった「あす」という形があまり用いられなくなるという変化を起こしたわけです。

このように単語の意味が変わると使わなくなる語が出てくる可能性もありますから、意味の変化は関係するほかの語を巻きこむことになります。「食べる」は、もともと「賜《た》ぶ」が変化したもので、「賜ぶ」も「たまふ」の転じたものです。つまり、もともと「お与えになる」の意だったものが、「いただく→食べ物をいただく→食べる」のように変わっていったわけです。もともとは「食ふ」が「食べる」の意味の一般語でしたが、「食べる」を広く使うようになって、「食ふ」は品位の低い言い方と意識されるようになりました。しかし、本来は下品な言い方ではなかったのです。

「あす」も「くふ」も一般的に用いられなくはなりましたが、消え去ったわけではありません。しかし、現代語では独立して使われなくなった語もあります。「難《かた》し」などがそうです。現代語の「難《むずか》しい」は古語では「むつかし」(「むづかし」はやや新しい形)でしたが、「むつかし」は「不機嫌だ・うっとうしい・見苦しい」といった意味でした。それが、そういう「やっかいで、面倒な状況」を指すことから、「難しい」という現在の意味に転じたのです。その結果、「難しい」の意味の「かたい」の単独の用法は消え、

「許しがたい」のように複合語でしか使われなくなってしまったわけです。

やまとことばと漢語

漢語が使われるようになる以前から用いられている語やそれに由来する語を「和語」と言います。「漢語」は、中国の文字を書きことばとして取り入れる過程でたくさん入ってきました。例えば、上代以前の日本人は「湖」という文字に「いけ」「ぬま」「みずうみ」など、どの和語を当てるかだいぶ悩んだでしょう。しかし、平安時代にはだいたい漢字の訓読みが確定するようになりました。日本語では、漢字が本来の中国語の発音をもとにした音読みとやまとことばを当てはめた訓読みの二とおりの読みをもっているのが普通です。しかも、音読みも訓読みも一とおりずつとはかぎりません。このように、一つの文字の読み方がいくとおりもあるというのは、世界的に見ても珍しいことです。中国語でも原則として漢字の読み方(発音)は一★とおりしかないのです。

では、なぜこんなにたくさんの読みが一つの漢字にあるのでしょう。「生」は「セイ」と「ショウ」の音以外に、「生《い》きる」「生《う》まれる」「生《は》える」「なま」「き」などの訓があります。訓読みが多いのは、もともと「生」という漢字が中国語でも動詞や名詞でさまざまな意味を表す多義語だったので、日本語でも多くのやまとことばを対応させたからです。「古」は「コ」、「理」は「リ」と、音が一つしかない漢字も多いのですが、「下」のように「カ」と「ゲ」の二つの音をもつ漢字も少なくありません。数は多くありませ

★もちろん、前後の状況によって影響を受けることはあります。例えば、三声(下がってから上がる声調)が連続するときには前の三声は二声(上がる声調)に変わるなど、一定の規則があります。また、一つの文字に一つの発音が原則ですが、「着」などは動詞の場合と「…ている」の意味のアスペクト辞の場合で発音が違います。また、「好」は形容詞のときなどは三声、動詞のときは四声(下がる声調)というように、同じ発音で声調が違うものは珍しくありません。

んが、「行」のように「コウ」「ギョウ」「アン」★という三つの音をもつものもあります。音は中国語の音声を取り入れたものですが、向こうにあってもこちらにはない音声もありますから、そのまま取り入れられるとはかぎりません。自分たちの音声体系に合わせて変えながら似たような音を決めるわけです。漢字の発音を自分たちのことばに合わせてアレンジして取り入れた音を「字音」と言いますが、このようなことは日本だけでなく、朝鮮★半島やベトナムなどでも行われていました。ただし、中国語でも、地域による違い(方言差)があり、また、発音は変化するため、時代による違いもあります。日本語は、以下に見るように断続的に取り入れてきたために、漢字によってはいくつかの音をもつことになったのです。音は、入ってきた時期によって、上古音・呉音・漢音・唐音の四つに分けられます(次ページの表を参照)。

このうち、漢音は字音を正式に確立しようとして取り入れられたもので、「古」の「コ」、「泥」の「デイ」など一つしか音がないものはたいてい漢音です。音が二つある場合は、「平」のように漢音「ヘイ」と呉音「ビョウ」という組み合わせが多いですね。たいてい漢音のほうが代表的な音になっています。「行」は、「コウ」が漢音、「ギョウ」が呉音、「アン」が唐音です。「男」は、「ダン」という漢音のほうを最初に思いつくと思いますが、「長男・次男・美男・下男」のように下につくときは「ナン」という呉音を使うことが多く、使い分けているといえるケースもあります。

★「アン」はいまひとつピンとこないかもしれませんが、「行灯《あんどん》」「行火《あんか》」のほか書き取りの定番「行脚《あんぎゃ》」などもあります。

★それぞれ「朝鮮字音」「越南字音」と呼んで、「日本字音」と区別しています。

上古音	中国の二・三世紀の音が朝鮮半島経由で伝わったもので、「奇《が》」「里《ろ》」など万葉仮名のもとになったもの。ごくわずかで現在ではほとんど用いられていない。古韓音。
呉音	中国の五・六世紀の呉(南方揚子江下流)の音がもとになっている。上古以前に伝来したが、漢音が一般化することでなまっている音と認識されるようになりすたれた。仏教用語などを中心に残り、現在でも使われているものがある。
漢音	隋から唐の時代(主に七世紀ごろ)の北方(洛陽や長安)の音が、直接取り入れられたもの。遣唐使などで交流が盛んな時期で、国家的に普及を進めたため、「正音」とも呼ばれた。このため、現在の漢字音のほとんどが漢音である。
唐音	唐代の終わりから宋・元の時代の中国の音がもとになっている。平安後期から江戸時代までに伝えられたものの全体を指す。唐宋音あるいは宋音とも言う。

もともと仮名《かな》は、真名《まな》である漢字に対する仮の文字でしたから、当初は漢字とかなを混ぜて使うということはありませんでした。また、漢音が正式な字音とされていたので漢音と呉音を組み合わせて熟語を作ることはなく、ましてやまとことば(和語)と漢語を組み合わせることもありませんでした。このことは、漢字が外来のものであることが強く意識されていたことを示しています。しかし、漢字が定着するにつれ、外来のもの

であるという意識も薄れてきます。

平安時代、文章は漢文で書いていました。これは、中国語の書きことばです。現代人が日本語を話し、英語で作文しながら文章を書くという状況を想定すればいいでしょう。しかし、漢文は外国語ですからどうしても日本語に影響されて本来の中国語からずれてきます。こうして、見かけは漢字を使っていて漢文だけれども、かなり日本的にアレンジされた(従って、本場の漢文とはかなり異なる)ものになっていきます。これが「変★体漢文」と呼ばれるものです。このほかに、今でも高校などで習う「読★み下し文」がありました。やまとことばの和文(話しことば)に、読み下し文と変体漢文が合わさって、中世には和漢混交文というスタイルが一般化しました。これは、日本語の文法や構文がベースになっていて、漢語をふんだんに取り入れ、部分的に漢文法の知識も生かしたもので、現代の日本語の書きことばの基盤になりました。

漢語が定着していくと、「畑」「畠」「峠」「働」など中国語にない文字(国字と言います)を作り出したり、「次第《しだい》」(呉音+漢音)のような語も作り出されるようになります。また、「手★本」「野宿」「湯桶」のように、和語+漢語という組み合わせも生じました。こういう変化は、中世後半から目立つようになります。明治初期には、西洋語の訳語を作るのに漢語が使われました。福沢諭吉がつくった「社会」、哲学者の西周《あまね》が作った「哲学」は今でも使われています。「哲学」のほか「仮説」「帰納」などは中★国にも逆輸出されています。「月曜日」や「火曜日」も語源を考えながら、明治初期に作られたもの

★変体漢文は、主に男性の日記や手紙やメモ・記録のたぐいに見られますが、徐々に広く使われるようになっていきます。しかし、漢文法を逸脱しているところが多く、一般には正式な「漢文」には分類されません。

★読み下し文(漢文訓読文)は、漢文を日本語式に読んでいくやり方ですが、江戸時代の荻生徂徠のように反対した人もいます。徂徠は、漢文は中国語なんだから中国語としてそのまま理解しなければいけないと主張しました。しかし、読み下し文は、外国語を日本語化することで取り入れやすくするという知恵でもあったのです。

★これらは全部漢字で書くので、普通の熟語のように感じるかもしれませんが、「野《の》」「手《て》」「湯《ゆ》」はやまとことばです。「野」は「ヤ」が音読み(漢音でも呉音でも同じ)で、「の」は和語なのです。

★言語学者のソシュールが使った「シニフィアン」「シニフィエ」という用語は、日本の言語学者小林英夫によって「能記」「所記」という訳語が作られましたが、これらも逆輸出され、現在中国でも使われているそうです。

です。

外来語が氾濫する背景

一般に外来語と呼ばれているものは、専門的には借用語と言います。ほかの言語から借★りてきたものという意味です。ただし、江戸時代までに取り入れられた漢語も、もともとは借用したものなのですが、外来語とは言いません。室町末期にポルトガル語から入ってきた「タバコ」や「カッパ」も外来語ですが、「煙草」「合羽」と漢字を当てることもあり、外来語という意識が薄くなっています。

昨今は、カタカナ語が多くなり、「ことばの乱れ」として批判されることもしばしばです。これは新しいことばが増えたということで乱れているわけではないのです（第一章Q3参照）が、和語や漢語で表せるので特に外来語にする必要がないものまで外来語にすることに批判が集まるようです。実際にいくつかの文章を調べてみると、漢語が五割弱、和語が四割弱で、外来語は一割ちょっとという平均値が得られることが多いので、外来語が「氾濫」しているとまではいえないのですが、日本語は借用語を取り入れやすくする、いくつかのしくみがあることは事実です。一つは、借用語であることを示す文字としてカタカナ★が用意されていることです。外来語でなくてもカタカナは使えますが、実質的に外来語専用に近い状況になっていますね。こういう言語は、世界中を見ても例がありません。二つめは、名★詞で取り入れた借用語を、動詞にしたり形容詞のよ

★「借りた」といっても、返すわけじゃなし、しかも、無断で借りていることが多いのですが、さすがに「盗用語」とは言えませんから、「借用語」と言っています。英語でも、loan wordと言います。

★もともとカタカナは、漢字の発音などの注記に用いられることが主でしたから、その伝統もあるのでしょう。

★「ダブる」「サボる」のように「する」をつけないで動詞をつくることもありますが、これは少数です。これらは外来語という意識が薄いという点でも、「ゲットする」「パスする」などの方式からすると例外的だといえます。「ナウい」という例はありましたが、そのまま形容詞にすることはふつうしません。これは「…な」という形容動詞以外にも、「…的だ」「…っぽい」など表現形式がいくつかあるからでしょう。

うに用いるしくみが確立していることです。「チェックする」「ビッグな」など、動詞や形容動詞をつくるやり方がシステム化されているので、誰でも簡単につくれるわけです。

外来語を使うのは、①それまでになかった新しいものを表す場合、②旧来のものとの違いを示したい場合、③専門用語に訳語を当てる労を省き、そのまま示す場合、④婉曲的に示したい場合、⑤特定のイメージやニュアンスを出したい場合、などがあります。最近の雑誌名、バンド名、ポップスの曲名、特定業種の店名などには外国語か借用語が多用されていますが、これは主に⑤のケースに該当します。ことばには本来表す意味以上のもの(イメージやニュアンスなど)を伝えるはたらきがあり、詩的機能と呼ばれていますが、外国語や外来語には詩的機能が強く出ることがあるのです。おおよそ外来語(借用語)には、次のページの表に見るように「新しい・明るい・軽い」というイメージが伴い、それによってある種の期待をもたせる効果があります。これは、販売戦略の上では重要な意味をもつでしょう。「公共職業安定所」を「ハローワーク」と言い、「従業員募集」を「スタッフ募集」とするのも従来の「重苦しさ」や「暗さ」や「古さ」を捨てたいからではないでしょうか。

もちろん、外来語の「新しい」「軽い」というイメージはいつまでもあるわけではなく、新鮮に感じられる時期を過ぎてしまえば、そういうイメージ★は磨り減って消えてしまうものです。商品と同じように消耗品のような側面をもっているといえるかもしれま

★東京の御茶ノ水周辺に「カロリー」というステーキやハンバーグを出すレストランがあるのですが、この店名は一九六〇年代につけられたそうです。当時は、科学的な栄養学が脚光を浴びるなど、「カロリー」ということばが華やかで先進的なイメージを与えた時代だったのです。現在のイメージやニュアンスとは異なっていたわけです。

せん。

外来語	非外来語	
新しい・明るい・軽い	古い・暗い・重い	
	漢語	和語
	堅苦しい・科学的・正式	やわらかい・くつろぐ・非科学的・正式でない

通じない外来語と通じる外来語

「君はそういうところはアバウトだよね」「あいつら、ずっとツーショットだったぜ」「このバンド、ブレークするんじゃないかと思ってるんだ」の傍線部のような外来語は、もともと英語から来たものですが、原語である英語でもそのまま使えるでしょうか？

正解は、「アバウト★」（about）は「いいかげん・大雑把」という意味にはならないので×、「ツーショット★」はカメラで二人の人物を映し出す構図や画面のことは言うのですが、「二人きり」とか「二人でいいムード」という意味にはならないので、やはり×、「ブレーク」（break）は「急に人気が出る」という意味に使うので○です。

漢文が長く用いられているうちに日本語風にアレンジされて変体漢文ができたように、英語などの外来語も長く用いられているうちに、日本語風に変わってしまうことが

★about は前置詞「…について」か副詞「およそ」以外にも、be about and out のような場合には形容詞的に使いますが、これも「あちこち動き回っている」という意味で、「おおざっぱ」という意味ではありません。おそらく、「およそ」という意味から、「大まかな数量」→「大まか」→「おおざっぱ」と変わっていったのでしょう。

★これは、two-shot で一語（名詞もしくは形容詞）扱いするので、two shots とはしません。この場合の shot は「人物」の意味ですが、もともとは業界用語ですね。「二人の構図」→「二人でいること」と意味が広まったあとで、「男女が二人でいること」→「恋愛関係の男女が二人でなかよくしていること」のように意味が狭まったのでしょう。

あります。そうなると、原語の意味や用法とは異なることがあります。俗に「和製英語」などと言われていますね。外来語は日本語に取り入れたわけだから、すでに日本語であって、外国語ではありません。従って、日本語のなかで意味が変わったり、原語にない形が出てきたからといって、すぐに問題になるということはありません。しかし、多くの人は、外来語を外国語と重ねて理解しているため、原語でもそういう意味や用法があるのだと思ってしまうことがあり、その点では外国語学習の妨げになります。例えば、野球の「デッド・ボール」★や車の「バック・ミラー」あるいは「ベッド・タウン」などは、日本でしか通じません。これらは、英米人でも分からないわけです。

さらに、「オムライス」や「メインテーマ」になると、「オム」はフランス語のomeletteの一部、「テーマ」Themaはドイツ語で、それに「ライス」「メイン」という英語由来の外来語をくっつけた造語です。「ホッチキス」のように発案者の名前がついているもの、「シャープペンシル」「クラクション」のように本来は商品名だったものなどもあります。これらは、原語とは別の語を使っているということになりますね。

原語と同じ語（とは言っても発音は日本語式に変わりますが）を使っていても、①意味も形もほぼ同じもの、②形はずれているが意味はほぼ対応しているもの、③形は対応しているが、意味が対応していないもの、があります。③は、さらに、ⓐ意味がずれているもの、ⓑ意味が原語より狭まっているもの、ⓒ意味が原語より広がっているもの、に分けられるでしょう。①は、専門用語などの多くがこれに当たります。②は、日本語式にそ

★英語には、デッドボールを表す単語はありません。hit by pitch「投手に当てられること」のように言います。「バックミラー」はrear-view mirrorでないといけません。「ベッド・タウン」は「郊外」という意味であれば、sub-urbですが、bedroom communityのように言っても通じるかもしれません。

のままやるのなら「アイロン」でなく「アイアン」(iron)、「ウルトラ」でなく「アルトラ」(ultra)、「アコースティック」でなく「アクースティック」(acoustic)など、いろい★ろあります。③(a)は「スケルトン」(本来は、「骨格」などの意味で「透明」の意味はない)、③(b)「キャッチャー」(catcher)(本来は、野球のキャッチャー以外にも「捕獲を行う人・もの」を広く指す)③(c)は名詞としての「シルバー」(silver)(本来は「銀・銀器類」の意味だけで、「高齢者」の意味はない)などを考えればいいでしょう。

★「トマト」「ポテト」でなく、「トメイトウ」「ポテイトウ」というのは、一定の規則のもとに日本語式発音にした際の変化なので、一応「対応している」ことになります。

章末問題

Q4

問1「たばこ」(もとはポルトガル語)、「かぼちゃ」(ポルトガル語の「カンボジア」から)のほか、野菜の「オクラ」(英語の**okra**から)など、もともと外来語なのに、外来語という意識が薄いものが現在の日本語には結構あります。そういう単語を三つ探して、語源を調べてみてください。

問2「赤土」は赤というよりも赤茶に近いかもしれませんね。「茶色」は少なくとも緑茶の色ではありません。「青葉」の色は、青空の青とは違いますし、「緑の黒髪」は何色なのでしょうか？　このように日本語には実際の色と一致しない「色名」の使い方が慣用としてかなりあります。ここに挙げた以外の例を五つ以上探しだして、ずれた使い方が生じた理由を考えてみてください。

Q5

問1　「自分」「地震」「軸」「直訴」「字」などの最初の音は「じ」と「ぢ」のどちらでしょうか？　分からなければ辞書を使ってもかまいませんので、「じ」と「ぢ」に分けてみてください。

問2　「むずかしい」と「むつかしい」、「(目を)つむる」と「(目を)つぶる」のように、同一の単語でありながら、二つの形(発音)をもつもの(専門的には「異形態」と言います)があります。自分のよく知っている方言も含めて、同一単語でありながら二つ以上の形(発音)があるものを三つ探しだし、どちらがより古い形か考えてみてください。

Q6

問1　現代日本語では係り結びがなくなってしまいましたが、「ぞ・なむ・や・か」などの係助詞は使わないものの、「こそ」は今でも使っています。現代語の「こそ」にはどんな意味用法がありますか？　また、それは古語の「こそ」の用法と関係があるでしょうか？

問2　現代語では、格助詞の「へ」と「に」は重なっているところがありますが、完全に重なっているわけではありません。「へ」が使えるのに「に」が使えない場合、「に」

は使えても「へ」は使えない場合があるかどうか、調べてみてください。

Q7

問1　「ラーメン」のことを「中華そば」というとき「そば」は「(うどんとは異なる、細目の)麺類」という意味です。しかし、もともとは「そば」は、日本そばのことであり、さらにさかのぼると「角(ばっている)、四角(い)」という意味でした。辞書などを参考にどういう意味変化があったか調べてみてください。

問2　外来語は原語での意味がそのまま取り入れられていないことが案外多いものです。今用いられている外来語のうち、①意味がずれているもの、②原語より意味が狭いもの、③原語より意味が広いもの、のそれぞれのタイプを二つずつ探してください。

第三章

内から見る日本語

Q8 「象は鼻が長い」に主語が二つあるというのは本当ですか?

「一つの節(文)に主語は一つだけ」というのが英文法の常識ですが、日本語には一つの文に主語が二つあると分析することがあります。その意味では、その答は「本当だ」と言えるでしょう。第一章では、英語やフランス語を念頭に「日本語は、主語がないから非論理的だ」というのは正しくないと言いましたが、これはその逆の現象にも思えます。ちょっとやっかいなところもあるのですが、日本語の特徴が見えてくる問題でもあります。

「は」は主語を表さない

「カバが歩く」「キリンが水を飲む」のような文の「カバ」や「キリン」は主語だといわれます。動詞がある文の場合は、その動作を行う主体が主語に当たります。「風が冷たい」「富士山がきれいだ」「弟が大学生だ」などでは、「風」「富士山」「弟」が主語ということになりますが、その状況や状態や性質や正体(実体)を述語(形容詞や形容動詞や名詞など)が述べる構造になっています。これらの例を見るかぎり、主語には「が」がついています。そこで、とりあえず「が」がつく名詞が主語になると考えておきましょう。

よく、「は」が主語を表すと誤解している人がいます。「私がお酒を飲む」という文では「お酒」が目的語ですが、「お酒は飲む」のように目的語でも「は」を使うことができます。「学校に行く」と言うときの「に」の代わりに「は」を使って「学校は行く」と言うことができますね。つまり、「は」は「を」や「に」の代わりに使うことができるのであって、主語でない名詞句にもつくのです。

「学校に行く」は「学校は行く」とも「学校には行く」とも言えます。「百メートル走で負けた」も「百メートル走では負けた」とも「百メートル走は負けた」とも言えます。つまり、「に」★や「で」という助詞に「は」をつけることも、助詞を消して「は」だけにすることもできるわけです。助詞＋「は」の形を結合形と呼び、助詞が消えて「は」だけになったものを融合形と呼ぶことにしましょう。「が」や「を」の場合は、融合形しかなく結合形★はありません。「がは」「をは」とは言いませんね。

ここまで見て分かるように、「は」は名詞にだけつくわけではありません。「名詞＋助詞」に「は」がつくこともあるわけです。この場合、「名詞＋助詞」は、述語と結びつくので連用成分★と見ることになるのですが、「白くはない」「食べはしない」のように形容詞や動詞の連用形にもつくことがあります。「静かではない」の「静かで」を形容動詞の連用形と見れば、用言の連用形に「は」はつくといえます。また、連用成分の代表選手である副詞にも、「はっきり(と)は言えない」とか「ゆっくり(と)は走れない」のようにつきます。以上の事実は、「は」が名詞につくのではなく、むしろ、連用成分につくのであって、名詞についているように見えるものは別の助詞が消えた結果だとする

★「に」や「で」の場合、常にどちらでもいいわけではありません。受け身の動作主を表す「に」や道具を表す「で」の場合、「は」だけの融合形にすることはできません。「妹には見られた」「かなづちではたたいた」の「には」「では」を「は」だけにするとおかしな文になります。

★方言によっては、「をは」を表す「ば」を使う地域もあります。

★連用成分とは、ここでは用言(動詞・形容詞・形容動詞)や述語部分を修飾するもの(副詞的なはたらきをするもの)を指しています。

考え方につながります。少なくとも、「は★」は名詞にだけつくわけではなく、主語を表していないわけでもないということはいえるわけです。

注文をするときに、「私★はラーメン」「じゃあ、ぼくはウナギ」というように言うことがありますが、このとき、「私はラーメンだ」「ぼくはウナギだ」という文が考えられるわけです。このとき、「私＝ラーメン」「僕＝ウナギ」ではありませんね。英語★式の A is B の A が主語ならば、「ぼくはウナギだ」の「ぼくは」はとうてい主語とはいえません。しかも、「ぼくはウナギだ」という文はどういう論理関係になっているのか分かりにくい文です。こういう構文を「ウナギ文」と言います。「A は B だ」という形の文なのに「A＝B」という論理関係が成り立たない文のことです。これは、「ぼくは、注文するものが、ウナギだ」と考えれば分かるわけですが、構文論的にはどう分析すればいいのか面白いテーマになります。

このほかに、「チョコは太る」「コンニャクはやせる」というような文もあります。これは、「A は…する」という形でありながら、実際には A が「…する」主体ではない文です。「チョコは太る」「コンニャクはやせる」と言うときは、食べた人が太ったりやせたりしますね。チョコそのものやコンニャクそのものの変化の話ではありません。こういう文を俗に「コンニャク文」と言うことがあります。コンニャク文は、A に変化の原因を表すものがきて、述語に変化を意味する動詞などがきます。主語に当たるものは、変化の原因 A を利用するもの（たいていは人間）ですが、「この薬は、眠くなる」「こ

★ただし、「が」が消えるケースでは主語に「は」がついていることになります。しかし、これは「は」が主語であることを表しているのではなく、「が」が主語を表していたのに消されてしまったということなのです。

★ラーメンとうなぎが注文できるお店ってどういう店なんだろうなんて考えこまないでください。単なるたとえ話ですから。

★英語でも、注文を確認するときに、"You are black coffee, right?"「君はブラックコーヒーだよね?」のように言うことがないわけではないそうです。ただ、これはかなり例外的なもののようですから、日本語でのケースのようにあまり問題にはならないわけです。

の教材は、英語力がアップする」のように現れないのが普通です。

「が」は主語を表すか

ふつう「が」は「主格の格助詞」と説明されます。「富士山が見える」「中国語が話せる」「バク転ができる」は、「富士山を見る」「中国語を話す」「バク転をする」を思い浮かべると「が」が主語を表しているようには見えないかもしれませんが、可能や能力などは性質や状態の説明ですから、「富士山が眺望可能だ」のように考えれば、主語という説明は成立しそうです。また、「ジュースが飲みたい」「しおせんべいが好きだ」「お茶がほしい」は実質的に形容のはたらきをする述語ですから、性質や状態を述べていると説明しやすくなります。つまり、これらは「対象」を表しているとも理解できるのですが、主格の「が」の用法の一部として説明できるのです。

しかし、ウナギ文やコンニャク文でも「は」の代わりに、「ぼくがウナギだぜ」「何が太るって、一番チョコが太るんだ」のように「が」も使えます。さすがに、ウナギ文やコンニャク文では、「ぼくが」「チョコが」の「が」が主格だという説明は通りません。こうなると、すべての「が」が単純に主語を表すと言い切れなくなります。★

「象は鼻が長い」や「東京は公園が多い」「このにおいは、サンマを焼いているところだな」などの「は」は、そのまま「が」に変えると不自然になりますが、「あの象じゃなくて、こっちの象が鼻が長いんだよ！」「名古屋じゃなくて、東京が公園

★三上章は日本語に主語はないとして「主語廃止論」を唱えました。三上章は高校の数学教師をしながら、文法の研究を続けた異才でもあり、主語廃止論は大きく取り上げられました。実は、西洋語の概念でいう主語は日本語にはないという至極妥当な説なのですが、「主語廃止」というセンセーショナルな言い方だったため、学界では当初あまり受け入れられませんでした。

が多いのさ」「そのにおいじゃなくて、こっちのにおいがサンマを焼いてんだよ」のようにすれば、状況次第では使えそうです。もしも、「象は鼻が長い」の「は」が「が+は」の「が」を消したものなのだとしたら、「が」が使えるのは当然です。こう考えてくると、「が」は単に主語を示すだけなのではなく、「を」や「で」「から」「に」など意味用法がはっきりしている格助詞が表さない種種雑多な関係を担当している可能性もあるわけです。

主語が二つある二重主格構文とは?

主語が二つあると言うと、なんだか双頭の竜でも想像しそうですが、そんなことはありません。実は、頭の大きさも位置も違っているからです。「象は鼻が長い」という文は、「象は」が主語で「鼻が長い」という述語と対応しており、「鼻が長い」という述語のなかで、また「鼻が」という主語と「長い」という述語が対応していると見ることができます。図示すると、こんな感じです。

最初の主語を大主語と呼ぶと対応する述部は大述語ということになります。大述語の中に小主語と小述語の主述構造があるわけです。大主語を「総主語」、小主語を「正主語」と呼んで、「象は鼻が長い」のような文を総主語が存在することから、総主文と呼んだり、二重主格構文と呼ぶこともあります。この考え方では、「君は、赤いドレスのほうが見栄えがいいよ」という文は三重主格構文ということになります。「このシャツは、よく洗ったほうが繊維がきめが細かい」などという文が成立するのなら、四重主格★構文ですね。

しかし、最近は総主語（最初に出てくる主語）を、主語ではなく、主題と見るのが普通です。つまり、「象は」というのは「象に関して言うと」というような題目になっていて、「鼻が長い」という部分がその題★目に対するコメントになっているというわけです。そして、そのコメントのなかに主語述語があると考えます。これも、「は」は主語ではなく、題目を提示しているのだという考え方です。ただし、題目とかコメントというのは、情報提示上の位置づけで、主語や述語という文法上の位置づけのことではありません。

(1) 弟は昼寝をしています。

(2) 弟が昼寝をしています。

この二つの文を比べてみると、(1)は「弟は何をしているかと言うと」というように話題を示す感じがあって、「昼寝をしています」という情報をそのあとで明らかにすると

★実は主格と言っていいのかいろいろ検討しないといけないのですが。

★つまり、大主語と大述語ではなく、「題目─解説」と見るわけです。「トピック─コメント」「テーマ─レーマ」「主題─陳述」などと言うこともあります。

いう構造になっているのが分かるのではないでしょうか。(2)のほうは「弟が昼寝をしています」全体が一つのまとまりになっていて、弟について語っているという感じはありませんね。これは、「は」が文全体の題目になっていることと関係があります。(1)(2)を次のように変えてみると、違いがはっきりします。

(3) ★※弟は昼寝をしているとき、私はテレビを見ていました。

(4) 弟が昼寝をしているとき、私はテレビを見ていました。

(3)が不適格なのは、「弟は」が文の最後までかかろうとするからです。この「かかろうとする範囲」を支配域《スコープ》と言いますが、「は」は従属節の範囲を越えて文の最後まで支配域にしようとする機能があるため、このような従属節では原則的に使えないのです。

また、「は」はすでに分かっていることにつき、「が」はそうでないことにつくと説明できることもあります。旧情報★(既知)の「は」、新情報(未知)の「が」という分け方ですね。確かに「何が食べたいの?」と言っても「※何は食べたいの?」とは言いませんから、未知である疑問詞に「が」だけがつくことには説明がつきます。しかし、これですべて説明できるわけではないことも事実です。

「は」の用法と格助詞の効果

「君、性格はいいんだね」と言われるとなんだか「性格以外はよくないのか」と思ってしまいます。これは、「は」に対比の意味があるからだと考えられています。「は」を

★*は「アステリスク」と呼ばれる記号ですが、文法の分野では、不適格な文、文法的に間違っている文を示すのに使います(第一章 Q1 参照)。間違ってはいないけど不自然というときには、?をつけることもあります。*はもともとことばを歴史的に研究する比較言語学という分野で、シュライヒャーという言語学者が「現存しないけれど、かつてはあったと思われる語形」(再建形などと言います)を示すのに使い始めたものですが、文法では「現存しない」つまり「間違った文」を指すようになりました。なお、不適格な文は「非文」ということもあります。

★これは、W.チェイフが old information と new information という区分で、英語の定名詞句(the がつくもの)と不定名詞句(the がつかないもの)の文法論上の、また、意味論上のふるまいの違いを分析したものを日本語にも適用しようとしたものです。このチェイフの『意味と言語構造』(一九七二)という本は、わかりやすくて面白い本です。

使うときには、「このお菓子はおいしいけど、そのおかしはまずい」というように対照する関係が成立していることがあります。これが、「は」の対比用法とか対照用法と呼ばれるものです。「性格はいい」とだけ言うと、「性格」と何が対比されているか分かりませんが、こういうときは「性格」と「性格以外（の何か）」が対比されていると解釈されることが多いですね。つまり、AとA以外（の一部もしくは全部）の対比です。

「は」のもう一つの機能は、上で述べた「主題」を示すはたらきです。「春は桜だよねえ」と言うときは、「春」について語っているということで、「春」が主題です。「春について言うとさ」とテーマを出しておいて、「なんと言っても桜だね。桜だよねえ」と述べるわけです。このときは、「春」と何かを比べているわけではありませんから、対比・対照ではありませんが、「でも、秋はもみじだよねえ」と続けば、「春」と「秋」の対比になりえます。つまり、「は」が主題なのか対比なのかは、前後の文脈などを見ないと完全には決められないのです。

友達の家で、「のどが渇いたなあ」と言ったら、友達が「ジュースはあるよ」と言ったとしましょう。ここでは「は」を対比として解釈することができます。つまり、「ジュースはあるけど、ジュース以外の飲み物はない」というような意味です。「ジュースがあるよ」と友達が答えた場合は、「あるものはジュースだ」という意味です。この場合、何かがあることが既に分かっているというか前提になっていて、あるものは何なのかという述べ方です。こういう用法を「総記《そうき》」と言います。「代表者はどなたですか?」に対して「私が代表者です」と答える場合には、「代表者が誰かいる」という前提があって、「その代表者は私なのだ」という言い方になっています。「が」にはこういう総記の用法がありますが、これは「が」だけではなく、ほかの格助詞にもあります。「違いますよ。お肉じゃなくて、お芋[を]煮るんです」と言う場合の「を」は「煮るのはお芋なのだ」ということですね。これは「を」が総記になっているわけです。

総記の格助詞は省略できませんが、逆に総記の意味に解釈されたくない場合もありえます。こないだラーメン屋さんに入ったら、「日本酒、あります」と張り紙がしてありましたが、これは「日本酒[が]あります」では「あるものは日本酒である」という総記に解釈されてしまいかねません。あるいは、「えっ、どこにあるの?」と思う人もいるでしょう。かといって、「日本酒はあります」とすると、「ジュースやビールはないのか」と思ってしまうでしょう。これは「は」が対比的に解釈されて、限定の意味にとられてしまうからです。従って、「は」も「が」もない「日本酒 φ あります」という言い方にするわけです。これは、「φ」の位置には何も助詞が置かれないのですが、何もないことが一つの機能をもっていると見て、「ゼロ助詞」が用いられていると説明することもあります。

「…した」は過去とはかぎらない

「食べた」「笑った」などはよく「食べる」「笑う」という動詞の過去形だと言います。

しかし、実際には常に過去を表しているとはかぎりません。あとで実例を見ることにしますが、実は、未来のことでも「食べた」が使えるのです。一般には「食べる」を現在形、「食べた」を過去形とすることがありますが、これは厳密ではないので、前者をル形、後者をタ形と呼ぶことにしましょう。

現時点より前のことを「過去」として表し、先のことを「未来」として示し、現時点のことを「現在」という扱いをするのは、すごく当たり前のように感じます。このため、ことばでも過去・現在・未来と分かれているはずだとわれわれは考えがちです。こういう時間軸上の違いやその表示を「時制《テンス》」と言いますが、実は日本語では時制は三つでなく、二つです。「去年、できた」はタ形ですが、「今できる」「来年にはできる」ではル形です。つまり、日本語では、過去と非過去が対立していて、「非過去」のなかに未来と現在が混じり合っているわけです。

この過去・非過去対立型は珍しくありません。英語やドイツ語もこのタイプです。英語は、過去・現在・未来と三つの時制があるように習うことが多いのですが、これは正確ではありません。助動詞の will は話し手の認識を表すもので法助動詞★に分類されます。過去形の would をもっている点は一般の動詞と同じですね。英語の現在時制は未来の出来事を表すこともありますから、その点でも日本語と枠組みは同じです。フランス語やイタリア語のように未来時制が現在時制とは別に存在する場合もありますが、南米のケチュア語のように未来と非未来（現在と過去がいっしょになっている）に分かれて

★私たちは何かを話すとき、事実として述べたり、可能性が考えられることを推測して述べたり、ありえないことを仮に仮定して述べたりします。こういう違いを文法的に表すのが「法《ムード》」なのですが、英語では助動詞は基本的に「法」に関する意味を表すことがあり、これを法助動詞と呼んでいます。

いることもあります。

「明日、お昼ご飯を食べたあとで、公園に行きましょう」という文は、全体として未来(と言っても明日ですが)のことなのに、「食べた」とタ形を使っています。これは過去形とは言えません。しかも、「…したあと」と言えるものの、「*…するあと」とは言いませんね。

名詞を修飾するタ形は、一般に、時制ではなくアスペクトを表します。アスペクトとは動作がどういう段階にあるかを示すしくみのことですが、ここでは名詞を修飾するタ形が「完了」を意味しています。つまり、その動作が終わってしまったことを意味するわけです。これに対して、ル形は「未完了」、動作がまだ終わっていないことを示します。「大阪に行くときに、旧友に会った」と言えば、大阪に着く前の時点で旧友に会っていることになります。例えば、新幹線のホームや電車のなかということですね。これに対して、「大阪に行ったとき、旧友に会った」と言えば、大阪に着いたあとで会っているわけです。

つまり、タ形とル形は時制とアスペクトの両方に関する機能をもっているわけです。簡単にまとめると、次のようになります。

名詞を修飾するとき(連体修飾)はアスペクトの用法ですが、そうでないとき(ふつうの述語になるとき)は時制にもアスペクトにもなりえます。「朝ごはん、食べた?」という問いかけに、過去のこととして答えると「食べなかった」となりますが、アスペクトと

	ル形	タ形
時制	非過去（現在・未来）	過去
アスペクト	未完了	完了

して表すと「食べてない」となります。前者はもう過ぎた過去の話という扱いですが、後者は「まだ終わってない」ということですから、これから朝ごはんを食べる可能性もあると解釈できますね。また、連体修飾では、完了と言いにくいタ形の用法も見られます。「濁った水」といった例では、濁っていなかった水が「濁った」、つまり、変化が完了した結果だとはかぎりません。最初から濁っていたのかもしれません。「すぐれた能力」「変わった人」などではもともとの性質だと見るべきケースですから、これらは「完了」とは必ずしも言えなくなります。「違った字を書いてみた」などでは「別の字」というのに近くなり、形容詞や形容動詞に近い用法と見たほうがいいでしょう。「変わった服」「湿った空気」は「変わっている服」「湿っている空気」とテイル形に置き換えられますが、「違った字」は「違っている字」には置き換えにくいですし、「あの人は困った人だなあ」は「困っている人」とすると意味が変わってしまいます。

述語部分には、モダリティと呼ばれる要素がつくこともあります。モダリティは、話者がことがらが成立する可能性についてどう捉えているかを示すもので、低い可能性

「ということもありうる」や高い可能性「にちがいない」などさまざまな形式がありえます。副詞でも、話者の信念レベルを表せますから、モダリティはことさら述語部分にしか現れないというようなものでもありません。

Q9 学校文法以外では形容動詞を認めないと聞きましたが、それはなぜですか?

高校までで学ぶ文法の枠組みは橋本進吉という国語学者の文法論（俗に「橋本文法」と言います）をもとにしています。橋本文法は意味よりも形態で分類するやり方をとっているのですが、ことばを使う人の意識（というのも曖昧ですが）に重点を置く時枝誠記《ときえだもとき》★の時枝文法などでは、形容動詞という品詞がありません。

「学校文法」は本当の「文法」ではない?!

ことばを見るにはありのままに記録していく記述的な立場と、お手本を示すことを旨とする規範的な立場があると述べました（第一章 Q3 参照）。学校文法は、ことばを分析する能力よりも正しく使える能力に重点を置きますから、規範的なのはやむをえません。また、すべての生徒・学生に学んでもらうことを考えれば、ある程度シンプルにせざるをえないのも事実でしょう。

★時枝誠記は、橋本進吉の指導を受けた弟子で、橋本進吉が東大を退官したあと、後任になりました。橋本進吉は、文献を細かく厳しく読み解く実証主義的な研究者で、本来の専門は音韻史です。時枝は、資料よりは自分で考えて解決していくタイプで、その研究は、よくいえば独創的、悪くいえば実証性に欠けるものでした。

私たちは学校で文法を勉強しなくても、日本語が話せるようになります。別に赤ちゃんの時から文法教室に通っているわけではありませんね。日本語が話せて、きちんとした日本語の文が作れるということは、日本語の文を正しく作る知識をもっているということ、つまり、文法を知っているということです。日本語のしくみを明らかにしていく際に必要なのは、日本語の話者が頭のなかにもっている「文法」のほうです。効率よく学ぶための「学校文法」は人為的に作ったものですが、もちろん、この種の言語知識、つまり、頭のなかの「文法」をもとにしています。

でも、頭のなかにある文法を私たちは自分たちでも見ることができません。文法はブラックボックスに入っているようなもので、あることは確かだけれども、中がどうなっているかは自分でも分からないと考えてもらえばいいでしょう。なにか規則に従って使い分けているのに、自分でもどういう規則を使っているのか分からないというのが現状なのです。日本で学校文法の基盤ができたのは、一九三〇年代です。それから、文法の研究も進み、また、ことばも変化していますから、ずれが出てくることもあるわけです。

品詞はなかなか決まらない

品詞は、いわば文を組み立てる際の部品です。同じようなはたらきのパーツを、名詞・動詞・形容詞…と分類したものが品詞なのですが、もちろん、これは言語ごとに異なります。学校文法のもとになった橋本文法では、動詞・形容詞・形容動詞を用言とし、名詞を体言とし、これに副詞・連体詞・感動詞・接続詞を加えて自立語としています。自立語でない助動詞と助詞が付属語ということになります。これで、十の品詞があることになります。これに、代名詞や数詞を名詞とは別に立てる考え方もあり、そうなると十二品詞ですね。

連体詞というのは、名詞修飾専用の単語で、「いわゆる・この・単なる」などが連体詞に数えられています。しかし、これらは、「言わ＋ゆる」「こ＋の」「単＋なる」と分解できないわけではありません。分解して別々の単語として扱えば連体詞という品詞は要らなくなりますが、そうなると「ゆる」という上代の助動詞を現代語でどう扱うか、「こ」や「単」はどういう品詞になるのかが問題になります。つまり、ひとつの品詞類だけを決めればいいのではなく、ほかの品詞とうまく整合するように分類できなければいけないのです。

「だから」や「しかし」は接続詞に分類されています。これらは、前の文と後ろの文をつなぐ機能があると考えられているからです。ところが、実際には常につなぐ機能を果たしているわけではありません。例えば、転んだ子どもに親が「だから、気をつけろって言ったでしょ」と言うときは、「だから」の前に文はありません。また、独り言でいきなり「しかし、今日は暑いなあ」と言うことがあると思いますが、これも別に「しかし」が何かをつないでいるというものではありません。「また」は、「私は野菜が好きだ。また、魚も好きだ」では文と文をつないでいるので接続詞ですが、「そのうち★また遊びに行きます」と言う場合には、接続はしていないので接続詞とは言えなくなります。

「ちょっと大きい」「ちょっと笑う」と言うとき、「ちょっと」は形容詞や動詞を修飾しているので副詞ですね。「クッキーをちょっと食べる」でも同じでしょうか。では、「クッキーを二つ食べる」の「二つ」は副詞でしょうか。私たちはふつう「二つ」は名詞のようなものだと思っていますし、「二つのクッキー」と使えば名詞と言えるはずです。あれ、そうすると、「ちょっとの量」のように使うから「ちょっと」も名詞かなあ、と混乱してきます。日本語では数量★を表す名詞句を副詞のように使い、「友達が二人来た」「本を三冊買う」とできるからですが、それにしても品詞分類がややこしいことに変わりはありません。

副詞は「用言を修飾する(連用修飾をする)語」と理解されているのですが、これはそのはたらき(修飾機能)にもとづく定義です。接続詞は、前の要素と後ろの要素をつなぐ語ということですが、これは時には論理関係という意味的なもの、時には「山また山」のように形で分かるものなどいくつかの基準が交じり合っています。名詞は、もともと「ものの名前」ということですが、格助詞をつけて使うという基準で定義することもあります。しかし、このような分類の基準はそれぞれに異なる性質をもっていて、同一次元の基準にはなっていません。接続する機能をもっているものが連用修飾のはたらきも

★時枝誠記は、この「また」は副詞だとしています。

★数量詞あるいは量化詞などと言うことがありますが、これは別に品詞の一種ではありません。「数詞」は、「一・二・三…」のことですから、もともと数量詞とは違います。数量詞は、一般に数詞に助数詞(数える単位)がついた形をしています。

もっていることだってありうるわけです。このため、品詞分類には、日本語にかぎらず、どんな言語の場合でも、つねにグレーゾーンが伴います。細かく分けて、二百くらいの品詞に分けるとだいぶグレーゾーンは減るかもしれませんが、それではとても使いものになりません。できるだけ少ない品詞で、かつ、できるだけあいまいなところを少なくするためにいろんな品詞分類案が提案されてきましたが、学校文法もその一つに過ぎないのです。

「ふぞろいのりんご」か「ふぞろいなりんご」か

学校文法は形態に重点を置いているため、あまり考えこまなくても自動的に分類できるという利点がありますが、意味が形態と連動している場合には、うまくいかなくなることがあります。例えば、形容動詞★という品詞は、終止形が「…だ」で連体形が「…な」となるものと単純に定義ができます。「静かだ」「変だ」は「静かな」「変な」となるので形容動詞です。「本当だ」「病気だ」は、「＊本当な話」「＊病気な人」★とは使えませんから形容動詞ではなく、名詞に「だ」がついていることになります。困るのは、「ふぞろい」のような単語です。これは、「ふぞろいな茶碗」も「ふぞろいの茶碗」も間違いとはいえないのです。形容動詞でも名詞でも、どっちでもいいということですが、文法を考える上では困ります。「有名だ」という形容動詞の対義語は「無名だ」ですが、「有名な」に対して「無名の」と用いる後者は名詞とされています。しかし、「無名な」

★形容動詞という名前は少し違和感があるかもしれません。これは、古典語で「静かなり」「堂々たり」という形が、意味は形容、活用はラ変動詞と同じということからつけられた名前でした。しかし、現代語では、「静かだ」は形容の意味はもっているものの、すでに動詞との共通性はなくなっているため、混乱を起こしかねないネーミングだといえるでしょう。古典語と現代語を同じ品詞の枠組みで扱えるという利点はありますが、名前は変えてもいいでしょう。現に、ナ形容詞、第二種形容詞などいくつかの名称が提案されています。

★「病気な」でも抵抗がないという人がときどきいますが、認めている辞書はありません。誤りとされる形でも抵抗がないというケースは、原因として、①その人の基準が甘すぎる、②新しい変化を反映している、③方言の影響、④外国語の影響、⑤意味理解のずれ、などが考えられますが、いくつかの原因が複合していることもあります。

と使う人も増えてきました。また、「ピーチなお酒」「けっこうオヤジなＯＬ」のようにもともと連体修飾が「…な」でなかった名詞を一時的に形容動詞として使う傾向も見られます。

一般に「な」か「の」で意味が違う場合は、使い分けが見られます。「ピーチのお酒」は「ピーチ」の果汁か何かが入っているのでしょうが、「ピーチなお酒」はピーチという風味かイメージがあれば十分でしょう。これは、実体と属性という使い分けです。もちろん、「透明な傘」「透明の傘」のように、どちらでも意味の差が明確でないケースもあります。

形容動詞の問題は、単に名詞との境界線があいまいという問題だけではありません。もしも、「有名だ」が形容動詞で、「無名だ」が名詞に助動詞がついたものだとすれば、「有名だ」は一単語なのに「無名だ」は二単語ということになってしまいます。普通は「有名だ」と「無名だ」で品詞が違うとか単語数が違うという意識を私たちはもっていません。こういう状況を考えると、形容動詞という品詞をやめてしまうほうがいいんじゃないかと思うのも無理はありませんね。

形容動詞を設定しない場合、「有名だ」も「無名だ」も名詞に指定の助動詞「だ」がついていると説明します。そして、「だ」の連体形に「な」と「の」の両方を認めることにするわけです。しかし、このやり方にも問題がないわけではありません。形容動詞という品詞がなくなると、「静か」も「ほがらか」も名詞ということになるわけですが、これらは連体詞をつけたり格助詞をつけて普通の名詞のように使うことができないのです。「*★この静かが」とか「*そういうほがらかを」とは言えないわけです。

実は、「はるか遠い国」と使う「はるか」は副詞でありながら、「はるかな未来」のように形容動詞にも使えます。もしも形容動詞という品詞をやめてしまうのであれば、単に名詞と形容動詞の区別だけでなく副詞なども含めて、品詞の枠組み全体を新たに作らないといけません。

形容詞に命令形がないのはなぜ?

現代日本語の活用表を見ると、形容詞に命令形はありません。古典語は、「うるわし」という形容詞には「うるわしかれ」という命令形があります。英語も、quiet という形容詞は、Be quiet! という形で命令の意味を伝えることができます。それなのに、なぜ現代日本語の形容詞にだけ、命令形がないのでしょうか。

実は、活用表には命令形がないのですが、だからといって、命令表現にできないということではありません。命令表現にすることはできるのです。「早い」という形容詞であれば、「早くしろ」という形で命令形にできます。これは、形容詞「早い」の連用形「早く」と「する」という動詞の命令形と分析されるため、これがそのまま形容詞の命令形ということにはなりません。形容動詞の場合にも、「静かだ」は「静かにしろ」という命令表現ができるわけですが、「静かに」が形容動詞の連用形で「しろ」は「する」

★「この静かさが」とか「そういうほがらかさを」とすれば問題ありません。形容詞の場合も、「やさしい」「難しい」は「やさしさ」「難しさ」とすれば名詞になります。「さ」という接尾辞をつければ名詞になるからです。あれ、待てよ、と整理しなおしてみましょう。「静か」を名詞として扱うなら、「さ」をつけて名詞にする必要はないはずです。「さ」をつけられるということが「静か」が名詞でないということの証拠なんじゃないか、ということになりますね。

の命令形と解釈されます。従って、形容動詞の活用表にも命令形はないわけです。

いろいろな命令表現を作ってみると、「…しろ」以外に、「…なれ」という形も出てきます。「大きい」は「大きくなれ」ですね。「しろ」を使うか「なれ」を使うかは、形容詞・形容動詞の意味によって決まります。自分の意志である程度コントロールできる場合には「しろ」を、自分の意志ではどうしようもない場合には「なれ」を使うのです。この「自分の意志でコントロールできる」という性質を、「自己意志制御可能性」などと言いますが、これがあるかないかで分かれています。大人が子どもに「大きくなれ」「背が高くなれ」「細くなれ」というのは、子どもは自分の意志で大きさや身長などを変えられないからです。一方、「おとなしくしろ」「友達にはやさしくしろ」と言う場合には、自分でやろうと思えば「おとなしい」状態になったり、「やさしい」状態になれるという判断があるからです。一方、「やさしくなれ」という場合には、「やさしい人間になれ」という意味でしょう。一時的に人にやさしく接することは努力次第で可能なことですが、人間性を変えるのはそう簡単にできることではありません。この場合は、「やさしくなれ」となるわけです。

形容動詞の場合も、自分の意志で実現可能な場合には、「静かにしろ」「清潔にしろ」のように「…しろ」を使いますが、自分の意志で容易にコントロールできない場合には、「優秀になれ」「健康になれ」のように「…なれ」が出てきます。

★英語ではこういう場合、Be tall! とか Be thin! は不自然で不適切な発話になります。

意味で品詞が決まるとはかぎらない

一般に、動作を表すものが動詞、ものの状態や性質を形容するものが形容詞と説明されます。これは大まかな理解としては正しいのですが、厳密には正しくありません。例えば、「違う」「異なる」は動詞ですが、むしろ状態や性質を表していると見るべきですし、「すぐれている」の意味で使う「すぐれる」などは明らかに動作ではなく性質です。形容詞はおおよそ性質や状態を表していると説明することができますが、動詞のなかにも性質や状態を表すものがありますから、性質・状態は形容詞といえるのではありません。日本語では、漢語や外来語に「…な」「…だ」という語尾をつけて形容動詞を作ったり、「…する」をつけて動詞を作ったりします。「ビッグだ」「アンニュイな」「巨大だ」などは形容動詞、「リサーチする」「チェックする」「混雑する」「変更する」などは動詞です。「ビッグ」「アンニュイ」「リサーチ」「チェック」などを名詞とすれば、形容動詞を作るのは性質・状態を表すもの、動詞を作るのは動作を表すものだと考えられそうな気がするかもしれません。しかし、「損」「得」「満足」などは、動詞にも形容動詞にも使えます。「満足な結果」と形容動詞に使えば状態を意味するわけですが、「その結果に満足する」と動詞で使えば、心の状態であっても心の動きと解釈できます。名詞は、①形容動詞を作る属性名詞、②動詞を作る動作名詞、③形容動詞も動詞も作らない一般名詞のほかに、④形容動詞も動詞も作れる動作属性名詞(両用名詞)があることになります。④は例外的に①②の両方の性質をもつものです。どれに所属するかはもちろん意味が関係しますが、意味だけで決まるわけではないのです。

日本語には「内の関係」と「外の関係」がある

英語を学んで関係代名詞という日本語にないものを知ると、新鮮な驚きがあるかもしれません。しかし、関係詞★というべき要素をもっている言語は決して珍しくなく、欧米だけでなく、アジアやアフリカにもあります。日本語の場合、「弟がパンを食べた」は文ですが、「弟が食べたパン」のように、名詞の前に文を置けばその文が名詞を修飾することになり、その場合に関係代名詞のような特別な装置は要りません。英語などでは、名詞の後ろに文を置いて修飾します。基本的に関係詞という装置が要るのですが、これもある条件下では省略可能です。

英語の場合、修飾される名詞（先行詞）は修飾する文（関係節）とどういう文法的な関係があるのかはっきりしています。例えば、関係代名詞を使う場合には、先行詞は関係節の主語か目的語、あるいは所有格で名詞を限定するなど、関係がはっきりしているわけです。関係代名詞を使った文を二つの文に分けてしまうと不自然になることもありますが、意味的には不自然でも論理関係は成り立っています。ところが、日本語の場合、二つの文に分けてしまうわけにはいかないことがあるのです。

（1） 兄が帰国した翌日、大雪が降った。

★文や節を名詞にくっつける、つまり、修飾させるようにする際に接着剤代わりに使うものを関係詞と言います。英語には、関係代名詞、関係副詞などがありますが、接辞を使う言語もあります。

(2) 洋服を買った おつり でコーヒーを飲んだ。
(3) エジソンが蓄音機を発明した 話 は面白かった。

これらは、枠で囲った名詞を傍線部が修飾しているのですが、修飾される名詞を取りこんで独立した文にすることができません。(1)は、「翌日、兄が帰国した」とできそうに思えますが、実際には大雪が降った前日に帰国しているわけですから意味が変わってしまいます。(2)は、「おつりで洋服を買った」とすると文にはできますが、おつりは洋服以外の別のものを買ったおつりという意味になりますね。(3)は、「その話において、エジソンが蓄音機を発明した」とするとなんとなく言いたいことは分からないでもないのですが、正しい文ではありません。このように、修飾される名詞を関係節に格助詞などを使って取りこめないものを「外の関係★」と呼んでいます。英語などは、関係節に修飾される名詞(先行詞)が取りこめる「内の関係」しかありません。

この「外の関係」は、英語に比べて日本語が非論理的な言語であるかのような印象とともに受け取られることが少なくなかったのですが、実は外の関係が成り立つ関係節をもつ言語は、中国語やエストニア語をはじめ多く存在します。日本語の専売特許とはいえないのです。「鉛筆を削ったかす」のような、外の関係はそのまま英語の関係節には訳せませんが、非論理的な関係というわけではありません。

(1)のタイプは、時間的・空間的な位置関係を表す名詞が用いられ、関係節はその位置

★関係節構造を「外の関係」と「内の関係」という分類と名称を提案したのは、寺村秀夫という日本語学者です。寺村は意味が文法において重要な違いを作り出していることにいち早く気づき、さまざまな研究を進めたのですが、残念ながら夭折してしまいました。

関係の基準を示す構造になっています。基準を明示して限定しないと位置関係は示せませんから、先に基準を表す節を出さないといけません。従って、「兄が帰国した。その翌日…」のように書き換えることは可能です。(3)は、英語では、同格の that 節に近いものです。英語では関係詞を使って示さないので、外の関係とは言いませんが、関係代名詞という要素が存在しない日本語では、普通の関係節と同じような構造にしているだけなのです。これは、同格的に(命題)内容を示していると言ってもいいでしょう。

(2)のタイプは、いくつかの種類に分かれるのですが、全体に共通していえるのは、関係節で表す動作・行為のどこかで生じるものや現象や関係などを修飾する関係になっているということです。動作・行為のどこかで生じるものや現象を表すような格助詞はありませんから、当然、文のなかに取りこめないわけです。動作に伴って生じるものなので「随伴物」とでも呼ぶことにしましょう。この随伴物は、「おつり」のように「買う」という動作が終わらないと生じえないものもありますが、「くさやを焼くにおい」のように「くさやを焼く」という動作の途中で生じるもの、「円高が進む要因」のように「円高が進む」ということ以前に存在している「要因」など、三つの関係に分けられます。つまり、動作のどこかというのは、動作の前か途中かあとということですね。このうち、動作の前の随伴物とはたいてい理由・原因と解釈できるものですが、これは外の関係にならないこともあります。例えば、「物価が下落する原因」は、「そういう原因で、物価が下落する」のように文にすることが可能ですが、これは、格助詞の「で」で原因・理由が表せるからです。

文に戻せるかどうかという基準はけっこうあいまいなところがあります。内の関係と外の関係という二分法は、一つの見方ではありますが、関係節を分類する絶対的な基準ではないし、ましてや、日本語独自の現象でもないことは確認しておいてください。

Q10 アメリカ人の友人が「健一」と言うと「ケニチ」に聞こえますが、発音が違うのですか?

英語式の発音で Ken-ichi を発音すると、Ken と ichi を区切って発音しても早口では「ケニチ」のようになります。しかし、日本語の発音では早口で発音しても「ケニチ」★にはなりませんね。やはり、発音が違うのです。

日本語の「ン」の発音

多くの日本語話者は意識していませんが、日本語の「ン」の発音は六種類ほどの別の発音を使い分けています。一方、英語では n で表記するものは原則として n で発音します。早口で言えば n が次の母音とつながるように発音されるのは自然なことです。英語の話者は、Ken-ichi の n もそのまま n の発音をすることが多いので、早口では「ケニチ」になるのですが、通常、日本語の話者は「ケンイチ」の「ン」を n では発音し

★実際にやってみてください。私などは、むりやり速く言うと「けーち」に近い感じにはなりますが、「に」という音は出てきません。

ていないのです。

たいていの言語の音声で「同化」と呼ばれる現象が起こります。これは、近く(たいていは、隣)の音につられて同じような音に変化することを言います。前にある音に影響されるか、後ろにある音に影響されるか、両方に影響されるかで区別したり、影響されてまったく同じ音になってしまうか、まったく同じではないけれども似ている音になるのかで区別します。日本語の「ン」の場合、後ろの音に影響されて変化します。たいていは同じ性質をもつ音に変化するだけで、完全に同化してしまうことは少ないといえる

	直後の音	「ン」の発音	例
①	ナ行・ダ行・タ行・サ行・ザ行音	n	「本台」[hondai]
②	ハ行・ヤ行音、なし(「ン」で終わる場合)	ɴ	「本」[hoɴ]
③	パ行・バ行・マ行音	m	「本箱」[hombako]
④	カ行・ガ行音	ŋ	「本が」[hoŋŋa/hoŋga]
⑤	「ア・ウ・オ」の母音、「ワ」	ɯ̃	「本を」[hoɯ̃o]
⑥	「イ・エ」の母音	ĩ	「本位」[hoĩi]

のですが、具体的に見ておきましょう。

もともとｎは舌先が前歯の裏や歯茎に触れて作られる音（歯茎音《しけいおん》）ですが、t/d, s/z などの音が続くとき、また、ｎが続くときも当然、そのまま「ン」はｎになります。しかし、「ホン」のように言い切って「ン」で終わるような場合には、舌の奥がもちあがって口蓋★垂に触れて鼻から抜ける音（口蓋垂鼻音）を使います。これはｎの大文字を小さく書くɴという発音記号を使いますが、英語やフランス語の学習では出てこないのであまりなじみがないかもしれません。ハ行やヤ行の音がきてもこれを使うことが多いのですが、速く発音したりぞんざいな発音をすると、⑥のように母音が直後にくる場合の音に近くなります。

パ行・バ行・マ行の子音（p/b/m）は、一度上唇と下唇をくっつけるように唇を閉じてから離すときに作られる音です。このため同化して「ン」はｍになります。「本箱」の「ン」は母音の「ウ」を取り去った「ム」のような音になるので、「ホㇺバコ」のように書くことを提案している人もいます。この種の同化は英語でも起きますが、英語ではそのままｍで表記しています。import は port に in- という接頭辞がついたものですが、★inport とはなりません。con と bat をくっつけても combat となります。

カ行・ガ行音の子音（k/g）は、舌の後ろが持ち上がって口★のなかの天井のやわらかい部分にくっついて離れることで作られる音です。ｇは鼻から抜けない音ですが、これを鼻から抜く音にするとŋになります。これは、「ガ行鼻濁音」と呼ばれる音の子音

★ひらたく言えば「のどちんこ」のことです。

★英単語の場合、単純な合成などではp, b, m の直前に n がくることはあまりありません。外来語や複合語を除けば、input など限られた単語に見られるだけです。

★口のなかの天井部分を「口蓋《こうがい》」と言います。口蓋は、歯茎から続く固い部分の「硬口蓋《こうこうがい》」とその後ろのやわらかい部分の「軟口蓋《なんこうがい》」からなります。「硬口蓋」「軟口蓋」は「かたこうがい」「やわこうがい」とも読みます。

で、gaの「が」と区別するためにŋaのほうを「か゚」と書くことがあります。カ行・ガ行（gでもŋでも）の前では、「ン」はŋになります。

次に母音がくるとき「ン」は鼻母音になります。鼻母音はフランス語の発音で習うことが多いと思いますが、日本語にもあるのです。ふつうの母音「アイウエオ」は口から息が抜けますが、これを鼻から抜くようにすると鼻★母音になります。「ア・ウ・オ」など口の比較的奥のほうで作られる母音の前では「ン」は「ウ」を鼻母音にしたような音になります。日本語の「ウ」は口★を丸めないのでuではなく、mをひっくり返したɯで表記することがありますが、それに鼻から抜ける音であることを表す~を上につけて、ɯ̃のように表記します。「イ・エ」など口の前のほうで作る母音の前では、「ン」は「イ」を鼻から抜かしたような音になります。ただし、これは若干舌の位置が前後に動くということで、それほど明確には違いません。⑤⑥のようにはっきり分けずに単純に「母音」の前では「ン」は鼻母音になると考えても差し支えないでしょう。

つまり、「ケンイチ」の傍線部分はたいてい母音の連続として発音されるため、どんなに早口にしても「ニ」という音にはならないわけです。こう見てくると「ン」はまったく無関係なさまざまな音になっているように思えるかもしれませんが、鼻母音も含め子音で発音される場合でもすべて鼻から抜ける「鼻音」になっているという共通点があります。

★口を閉じて「ウ」と言うと鼻から抜けて鼻母音になりますが、要は鼻から息が抜ければいいので口は開いたまま発音してもかまいません。

★「口を丸めないウ」は主に東日本の特徴で、西日本とくに関西や九州などでは英語式の（uで表記する）「ウ」が用いられることが多いようです。鼻母音を表すにょろという感じの補助記号~はチルダ（tilda）と言います。

「ま」に濁点がつかない理由

「ン」の発音がさまざまに違うのが、文字が一つしかないのは、日本語の話者が同じ音だと思っているからです。実際の発音を「音《オン》」と言うのに対して、話者の心理のなかにある捉え方を「音韻《オンイン》」と言います。「ン」という音韻に、[n][ɲ][m][ŋ][ɯ̃][ĩ]という音が対応していると考えればいいわけです。つまり、文字は音韻に対応していますが、音に対応しているとはかぎりません。同じ文字でも発音が異なることは珍しくありません。

声帯を振動させて発音するものを有声音、振動させないものを無声音と言います。母音は原則としてすべて有声音ですが、子音は有声音と無声音に分かれます。

無声子音（声帯の振動なし）	有声子音（声帯の振動あり）
k	g
s	z
ʃ	ʒ
t	d
tʃ	dʒ
ts	dz
×	n
h	×
p	b
×	m
×	j
×	ɾ
×	w

これを見ると、有声音と無声音の両方がそろっているものと、片方しかないものがありますね。両方そろっているもの、たとえばカ行やサ行は、無声が清音、有声が濁音に対応しています。kaが「か」でgaが「が」という具合ですね。有声音しかないナ行・マ行・ヤ行・ラ行・ワ行は、もともと有声の子音で濁音の仲間ですから、これ以上濁ら

せようがありません。従って、濁点はつかないのです。面白いのは、hで、無声音だけになっているのはこれだけです。あれ、「は」には「ば」という濁音があるじゃないかと思うでしょう。しかし、実際には「か」と「が」の関係になっているのは、「ぱ」と「ば」なのです。「は」を★そのまま濁らせた(有声音にした)発音は聞かれることがありますが、これは「は」と区別されていません。音声だけを見ると、「ば」という濁音に対して「ぱ」は半濁音ではなく、清音です。しかし、日本語の話者のなかでは、「杯」を「一杯《いっぱい》」「二杯《にはい》」「三杯《さんばい》」などという例を見ても分かるように、hとpとbが関連をもっています。音韻として見ると近★い関係にあるわけですから、同じ文字を使いながらその変種として扱っているのは十分理由があるわけです。

東京方言では、「草」と言うと、最初の「ク」のところで声帯がほとんど振動しなくなります。本来有声音である母音が無声音として発音されるのです。これを「母★音の無声化」と言うのですが、無声化した母音で発音しても文字は同じで、変わりませんね。これは、音としては異なるわけですが、無声化しても別のものになったと話者は思っていないわけですから、音韻としては同じものなんですね。従って、書き分ける必要もないわけです。

日本語の特徴「モーラ音素」とは?

「ン」は日本語に三つあるモーラ音素のうちの一つです。モーラは先に述べたように

★hの有声音はɦという記号で表します。これを区別して用いている言語はアラビア語など、北アフリカから中近東にかけていくつもありますが、日本語でも英語でも区別はしていません。ただし、hを強く言うときなど発音されることがあります。

★今はhで発音するものも、かつての日本語ではpやɸやfなど唇のあたりで発音していました。hはそののちの変化で生じたのですが、もともと近い関係にあり、類似した音だったのです。

★関西方言などでは母音の無声化は見られないといわれています。

（第一章Q2参照）、一拍分の長さのことですが、日本語の音声はこれを基準にしています。たいていは、かな一文字が一モーラに相当しますが、小さい「ッ」以外の小さく書く文字は前の文字といっしょになって一モーラを形成するので数えません。ただし、小さい「ッ」と「ン」また「ー」で書く伸ばす音も一モーラになります。「カンツォーネ」は「カ・ン・ツォ・ー・ネ」となるので五モーラです。「カット」なら三モーラです。小さい「ッ」は一モーラ分の音声的空白でしたね。

「ン」は実際にはさまざまな鼻音で実現されるわけですが、これも一モーラ分の長さを占めることで「ン」と認識されます。特に母音の前の「ン」はそれ自体も母音になるため、きちんと一モーラ分の長さを確保しないと次の母音の不鮮明な一部のように聞こえてしまいます。例えば、「三位《さんい》」と言ったつもりでも「ン」に一モーラ分の長さがないと「サイ」のように聞こえてしまうわけです。これと同じことが「ー」でも起こります。

「東欧を」と発音してみてくださいと言われて困る人はあまりいないかもしれません。これは、二重母音をきちんと文字どおり発音して、「トウ・オウ・オ」と言う人もいるかもしれませんが、東京方言などでは「オウ」と二重母音にせずに「オー」と長母音になることが多く、「を」は「お」★と同じ発音をする人が多いので、「東欧を」は実際には、「トー・オー・オ」のように発音されます。これは発音記号で簡単に書くと［toː］のようになってしまいますが、これでは「塔」も「東欧を」も変わりがありません。しか

★「を」の発音について首都圏では「お」と同じという意識の人が多いですが、山梨・長野から東海・北陸の一部では「を」は「お」と違う音だと意識している人が少なくないようです。違うと意識する人は、多くの場合、「お」をo、「を」をwoと発音することもあります。

し、日本語では明確に区別されており、それがモーラというしくみなのです。「戸」は一モーラ、「塔」は二モーラ、「東欧」は四モーラ、「東欧を」は五モーラです。

漢字表記	カナ表記	発音	モーラ
「戸」	ト	[to]	■□□□□（一モーラ）
「塔」	トウ	[toː]	■■□□□（二モーラ）
「東欧」	トウオウ	[toː]	■■■■□（四モーラ）
「東欧を」	トウオウヲ	[toː]	■■■■■（五モーラ）

実は、モーラ数（拍数）以外に、アクセントや発声のエネルギーなども違うのですが、端的に異なる点はモーラ数です。モーラを意識しない言語を母語とする人にとっては、「最古《さいこ》」と「最高《さいこう》」の識別でさえ難しいことがあるのです。

アクセントの下がり目が核

京阪地域と首都圏では、同じ単語でもアクセントが異なることはほとんどの人が知っているでしょう。この二つは、日本語の代表的なアクセントで、前者を京阪式、後者を東京式と呼んでいます。詳細はあとで述べますが（第四章Q11参照）、大まかにいえば京阪式を東京式が取り囲むように分布しており、中国地方と東海地方の大半も東京式です。

すでに述べたように、日本語のアクセントは高低アクセントです。英語式の強弱アクセントは使いませんが、日本語も英語も一般に高いところは強く発音される傾向があるので、高いか低いかがよく分からないという人は、大まかにいえば強いところが高いということは覚えていてもいいでしょう。ただし、ロシア語（強弱アクセントを使います）のように強く発音するところで一般にピッチが下がるという言語もありますから、すべての言語に当てはまる傾向ではありません。

アクセントは、単純に高いか低いかを聞き分ける言語もありますが、日本語の場合は、アクセントがどこで高くなり、どこで下がるかが重要で、特に単語の識別に関わっているのはアクセントが下がる場所です。アクセントの下がり目は、一般に「アクセント核」と呼ばれます。京阪式と東京式の大きな違いは、このアクセント核の違いで、場合によっては逆になっていることもあります。例えば、太字で表すところが高いとすると、「橋」は東京式は「ハシ」で京阪式は「ハシ」であり、「箸」は東京式が「ハシ」で京阪式が「ハシ」です。ちょうど逆になっていますね。もちろん、同じアクセント式を使えば混乱しませんが、東京式の人と京阪式の人が話しても文脈などさまざまな情報を利用して理解しますから、通じないというほどの不都合はありません。

下がるところが「アクセント核」になっているということは、アクセントについて言えば下がり目が最も重要だということですが、高くなるところは重要ではないのでしょうか。実は、単語のアクセントに関していうと、上がり目は下がり目ほどは重要でありません。というのも、東京式では上がり目は基本的に自動的に決まってしまうため、それで単語を識別するということがないからです。東京式のアクセントでは、二モーラ以上の単語については、一モーラ目と二モーラ目の高さが違います。つまり、一モーラ目が低ければ二モーラ目は必ず高くなり、一モーラ目が高く始まれば二モーラ目は低くなります。つまり、低く始まる単語では一モーラ目から二モーラ目で上がり、そうでなければ最初から高く始まるわけで、二種類しかないのです。六モーラあっても、上がり目が四モーラ目や五モーラ目にくることはありません。上がり目を単語の識別に使わないのは効率が悪いように思うかもしれませんが、「上がり目があれば、そのモーラか直前のモーラが始まり」と分かるので、切れ目が分かりやすくなります。

アクセントは二階建て

高いところを●、低いところを○で表すと、東京方言の二モーラ語には、「○○」「●●」という単語はありません。「●○」と「○●」しかないのです。こう見ると、下がり目であるアクセント核は、重要だといっておきながら関係がないじゃないかと思う人がいるかもしれませんが、実は関係があるのです。日本語では、名詞のアクセントを区別するときには、次ににつく助詞（例えば、「が」などの格助詞）も含めて考えます。例えば、「はし」という単語であれば「はしが」という助詞つきの形も含めて分類するのです。このとき、アクセント核が関係してきます。アクセント核は下がり目ですから、高いところから低いところへ下がらなければいけないわけですが、「●○」というアクセントではもう低くなっていますからさらに★下がるわけにはいきません。東京方言のアクセントは二階建てで地下室も屋根裏部屋もありません。二階から一階に降りてしまえば、もう降りようがないのです。

「はし」という単語では「端」と「橋」は「○●」なので同じですが、「が」をつけると、「橋が」は「○●○」と「が」で下がり、「端が」では「○●●」で「が」で下がりません。「箸」は最初が高いので二モーラ目で下がり、「●○」ですが、助詞をつけてもこれ以上下がりようがないので「箸が」は「●○○」になります。下がり目のアクセント核を「⌝」で表すことにすると、上のようになります。

起伏式				平板式	
頭高型		中高型			
箸	ハ⌝シ（ガ）	橋	ハシ（⌝ガ）	端	ハシ（ガ）

アクセント核（下がり目）があるものを「起伏式」、ないものを「平板式」と呼びます。最近、アクセントの平板化が目立つといわれるようになってきましたが、アクセント核のない平板式になってきたという意味ですね。ただ、「平板」と言うとみんな同じ高さのように見えてしまいますが、「平板式」と言ってもみんな同じ高さなのではなく、最初

★つまり、下がるのは上がったところがあるから下がるわけです。ただし、文のレベルでみればこの限りではありません。

は低く二モーラ目から高くなっているという点は誤解しないようにしてください。

なお、上がり目は自動的に決まっていると言いましたが、この上がり目が単語ではなく、句についていることにも注意が必要です。「この」も「丸い」も「机」も平板式ですが、上がり目を「で表すとそれぞれ「こ「の」「ま「るい」「つ「くえ」のようになります。では、「この丸い机」を「こ「のま「るいつ「くえ」と発音するかといえばそんなことはありません。それぞれに上がり目があると、「この・丸い・机」という三つの単語を別々のものとして、ただ並べたような感じになります。「この丸い机」という一つの名詞句の場合には、「こ「のまるいつくえ」と上がり目は、名詞句全体に一つだけです。上がり目は始まりのマークと認識されるので、一つのまとまった名詞句に三つの始まりがあってはおかしいわけですね。あるいは、名詞句のようなまとまりは全体として一軒の家と見てもいいでしょう。そうすれば、二階建てなのにさらに上の階に上がっていくのはおかしいと考えればいいのです。

イントネーションとアクセントの違い

よく日常会話では、イントネーションとアクセントの意味を区別しないで使うことがあります。しかし、専門的には区別されています。アクセント(とくにアクセント核)は、ここまでで見てきたように、単語に固有のものですが、イントネーションは発話(あるいは文などのまとまり)における音調の上がり下がりです。もちろん、単語一語で発話を作ることもありますから、単語にイントネーションがかぶさることもあります。例えば、「猫！」「猫？」を読み上げてみてください。東京式では「ネコ」（●○）ですが、「猫！」では「ネ」も「コ」も強く速く発音されるものの、音調の上がり下がりはアクセントのままでしょう。これに対して、「猫？」では、高い「ネ」から低い「コ」に向かって下がったピッチが「コ」で再度上がるように発音されるはずです。疑問調では文末でピッチが上がるわけですが、だからといって「ネコ」の「コ」が下がらない平板式に変わるわけではありません。

Q11 「これ・それ・あれ」は、距離で使い分けているのですか？

私たちは近いものを「これ」、遠いものを「あれ」、その中間にあるものを「それ」と言うことがあります。しかし、条件を変えてみると、遠くにあっても「これ」を使うことがあるのです。そこには、文法とは違うレベルのしくみがあると考えられています。

日本語の語用論とは？

あることばを的確に使うには、文法を完璧に知っているだけでは不十分だといわれています。例えば、文法的には正しくても、その文がある場面では使えないことがあります。次の四つのシナリオの一部を例に比べてみましょう。

〈例①〉

昼食を終えた桂子が先輩のゆかりと喫茶店でコーヒーを飲んでいる。静かにコーヒーを味わっているゆかりに桂子が言う。

桂子「先輩、もう帰りますか？」


〈例②〉

昼食を終えた桂子が先輩のゆかりと喫茶店でコーヒーを飲んでいる。静かにコーヒーを味わっているゆかりに桂子が言う。

桂子「先輩、もう帰るんですか？」


〈例③〉

昼食を終えた桂子が先輩のゆかりと喫茶店でコーヒーを飲んでいる。コーヒーを飲み終え立ち上がったゆかりに桂子が言う。

桂子「先輩、もう帰りますか？」


〈例④〉

昼食を終えた桂子が先輩のゆかりと喫茶店でコーヒーを飲んでいる。コーヒーを飲み終え立ち上がったゆかりに桂子が言う。

桂子「先輩、もう帰るんですか？」


このシナリオは、①と③は同じセリフ、②と④も同じセリフです。また、ト書き部分は①②が同じで、③④も同じですが、それぞれ傍線部が異なっています。セリフも、「帰りますか」と「帰るんですか」しか違いません。しかし、あなたがシナリオライターを目指していて②★のようなシナリオを書いたら、たぶんもう仕事はこなくなるでしょう。②の場面では「帰るんですか」がおかしいからです。②の「帰るんですか」が変なのは、文法的に間違っているということではありません。場面や状況をふまえた使い方がおかしいのです。このようなことばの実際の使用について研究する分野を語用論★と言います。

★実は、②もある条件下では正しくなります。この場合、ゆかりが実家に戻って家業を継ぐという噂があるのだとすれば、「もう帰るんですか？」は実家に戻るのかということを桂子が何の前触れもなく突如尋ねたことにはなりますが、成立しないことはありません。

★ここで扱った例は、会話における文法という観点から従来「談話文法」と呼ばれてきた研究に含まれることが多かったものです。「談話文法」は、語用論のほか、文法論などの知識も必要とするいくつかの領域にまたがったものと考えたほうがいいでしょう。語用論も、文法論の知識なしでは深い議論はできないのです。

「帰ります」は「帰る」の敬体です。「帰るんですか」は「帰るのですか」であり、「帰るのだ」の敬体疑問形ですね。セリフの違いは「のだ」がついていないかついているかの違いということができます。問題は、「のだ」が②の状況で使えないのはなぜかということです。

「のだ」の意味の基本は、既定性にあると考えられています。これは、すでにそうなっていて確定しているということであり、もうすでにそうすることの判断が終わっているということで、「判断済み」と言い換えてもいいでしょう。単に「帰る」とだけ言う場合は、判断済みにはなりません。①や③の「帰りますか」はその時点での判断を求めている言い方です。昼休みが終わる前に帰るという状況であれば、そういう判断を求めることに不都合はありません。また、①③の「帰りますか」は誘っているようにも解釈できます。

④は、相手が立ち上がったのを見て、「立ち上がったということは、帰るということを決めている(判断済みである)ということか？」と尋ねているわけです。「立ち上がった＝帰ること」という判断が済んでいるのか、ということです。しかし、②は何を指して「帰るということなのか」と尋ねているか不明です。だから、日常の発話では不適切になるのです。

「帰りますか」も「帰るんですか」も文法的には正しい日本語です。しかし、どういう場面・状況・条件で使うかは違うわけです。これは、言語の使用に関わることであり、語用論が扱うことになります。

かつては、文法で明らかにしえないことを語用論が扱うことにするという風潮がありました。文法論と語用論を分離することはなかなか難しいことなのですが、それ以前に、語用論を文法論のくずかごのように考えていた時期があったのです。現在では、語用論の研究も進んできたため、そういう見方はなくなりつつあります。

コソアドの用法

「これ・それ・あれ」はものを指し示すときに用いられるため、指示詞と呼ばれますが、指示詞という品詞があるわけではありません。「これ」は代名詞ですが、「この」や「こんな」は連体詞、「こう」は副詞ですね。いろんな品詞に属するものを、指示という機能でまとめたのが指示詞です。日本語はコソアの三つですが、英語は this と that の二つで、ドイツ語やフランス語、中国語やロシア語も指示詞は二つです。多くの言語では、指示詞は二つか三つですが、五つを使い分けるラップ語（北方言）などもあります。

指示詞は目の前にあるものなどを実際に指さすように使う「直示《ダイクシス》」と呼ばれる用法と、前後の文脈などに含まれていることを指す「文脈指示」の用法に分けることができます。そして、直示用法については、昔から「これ・それ・あれ」を「近称・中称・遠称」★などと呼ぶなど、距離に対応するものと考えるのが主流でした。これを距離説と言うことにしましょう。

★『大言海』という日本初の大型近代辞書を作った大槻文彦が、最初に「近称・中称・遠称」と呼んだのが始まりのようです。

実際の指示詞の使用では、距離説では説明がつかないものが少なくありません。電話で遠方の友人と会話をしているとしましょう。「こっちは寒いわよ。そっちはどう？」とか、「あっちは桜が咲いたみたいね。こっちもそろそろかな」のように使いますね。こういう使い方では、話し手の領域をコ系、聞き手の領域をソ系、第三者の領域をア系で指していると考えることができます。つまり、自分のなわばり、相手のなわばり、それ以外ということですね。これは、領域説などと呼ばれます。問題は、距離説と領域説の二つを使い分けている（…切替使用説）のか、それとも距離と領域が交じり合ったような状況（…融合説）を考えればいいのかということですが、これはなかなか難しい問題で、どちらの説明も完全なものとはいえません。このいずれでも説明がつかないケースがあるのです。

展望台から遠くの山なみを見ているとします。眼下にはふもとの町が広がっています。「この山が立山連峰ですか？」と聞かれて、「そうです。雄大でしょう？　あの小さく見える建物がうちの大学です」と説明しました。実はここでは、遠くの山を「この山」と言い、それよりも距離的にはかなり近いはずの建物を「あの小さく見える建物」と言っているのです。これは、指示詞の逆転現象などと言われるものですが、日常的にも珍しくはないのです。友人の家に行くと、立派なテレビがリビングに置かれています。部屋に入るなり、「このテレビは新しいね。買ったばかりだね。いつ買ったの？ん、テレビの下のほうについている、あのスイッチは何のスイッチ？」と私は言いまし

た。実は、「このテレビ」「あのスイッチ」と言っているのですが、スイッチはテレビについているものですから、距離は変わりがありません。

距離だけでコソアの使い分けがあるのではなく、対象の大きさにも関係があると考えたほうがいいでしょう。遠くにあっても大きいと「こ」が使えるのであり、同じ距離でも大きければ「こ」を、小さければ「あ」を使うことがあるということですね。実は、いろんな例を調べてみると、心理的に近く感じるかどうかを反映していることが分かってきます。実際の距離で近いものは、心理的にも近いのが当然ですが、それに対象の大きさや、近づきやすさも関係しているのです。

「あの人、なんていう名前だっけ?」のア系

実際にいる人を指さして、「あの人」と使えば、これは直示の用法ですが、目の前にいるわけではないのに思い出しながら「あの人って…」と使えば直示用法ではありません。直示ではないので「文脈指示」ということになりますが、はっきりとことばで表現されないこともあります。「悪いけど、あれ、貸してくれないか?　ほら、あれ」と言われても、分からないことが多いと思いますが、家族や親しい友人なら分かるかもしれません。この種のア系指示詞は、「長期記憶のなかの情報を引き出そうとしていることを示す」ものと説明できます。長期記憶とは、会話を行っているその場での情報をしまっておく短期記憶に対して、通常「覚えている」と言われるものを指します。まあ、

簡単にいえば、「思い出そうとしていること」をア系指示詞で指せるということですね。面白いのは、思い出していない段階でも、思い出そうとしているだけで使えるという点です。

このア系指示詞は、話し手が自分の長期記憶のなかから引き出そうとしているものを示すだけですから、聞き手が常に分かるとはかぎりません。聞き手も同じ情報をもっていて、うまくその情報を引き出せれば理解してもらえますが、もっていないと分からないのです。「今日★、新宿で会ったあの人、何ていう名前だっけ?」と言われても、いっしょに新宿でその人物に出くわしていないと答えようがありません。ただ、「あのころはよかったなあ」と独り言を言う場合は、自分だけ分かっていればいいわけですから、ア系指示詞は非常に便利に使えますね。

「そんなこんなで」「あっちこっちで」という慣用的な言い方はありますが、「*そんなあんなで」「*あっちそっちで」という言い方はありません。この種の慣用的な言い方を調べてみると、コ系とソ系、コ系とア系という組み合わせはあるものの、ソ系とア系という組み合わせはありません。このことから、コソアは三つが対立しているのではなく、コ★とソ、コとアが対立しているのであって、ソとアの対立はないとする説もあります。

相手が「私の知人で町田健という人がいるんですが」と言えば、話し手は「その人は…」と受けることが可能です。「あの人は…」と言う場合には、こちらも町田健なる人

★長期記憶に収蔵されているはずの情報を必要なときに即座に取り出せない状態を、俗に「度忘れ」と言います。

★もちろん、慣用句に「*それあれ」がないのは状況証拠というか、傍証になるでしょうが、このことから直接、「コソアは二対立ではなく、二対立の混じったものだ」といえるわけではないんですけれども…。

物を知っていなければなりません。ア系が使えるのは「知っている」つまり「長期記憶に情報が入っている」という場合です。だから、「私の知人で町田健という人がいるんですが」と言われて「その人は誰ですか」と言うことはできても、「*あの人は誰ですか」とは言えないのです。また、通常は「この人は…」と受けることはできません。

また、何かを話し始めるときは、「こんな話を知っていますか?」と言ってから、話の具体的な内容を述べることは可能ですが、「そんな話」とか「あんな話」と言ってから話し始めることはできません。指し示したり、関連づけたりする指示詞の機能を「照応」と言い、指し示されるものを「照応詞」と言うのですが、照応詞はたいてい指示詞より先に出てきます。つまり、前方照応ですね。「これ」だけは指示詞よりもあとに照応詞が存在すること(後方照応)を許すのです。英語のthisも後方照応を許しますが、thatは許しません。この点では日本語と似ているといえるかもしれませんね。

同じことでも捉え方が違う

こんな小噺があります。何をやってもグズでドジな新吉が魚屋さんで奉公を始めました。親方に「この魚はさっきまで生きていたんですよ、と言って客を呼びこめ」と言われた新吉は、「お客さん、この魚はさっき死にました」と言って客に逃げられ、親方に大目玉を食らいます。「同じ意味なのに」と納得がいかない新吉ですが、はたして同じ意味なのでしょうか。

財布に一万円札が一枚入っていて、それ以外のお金は入っていません。このとき、「一万円もある」と言っても「一万円しかない」と言ってもいいわけですが、意味は同じといえるでしょうか。あるのは一万円でそれ以下でもそれ以上でもないという点は、いずれも変わりがありません。ことばは使う人の認識を反映することがあります。指し示している事態や状況が同じだからといって、伝えていることがすべて同じだとはかぎらないのです。「一万円も」と言うときは多いという認識があり、「一万円しか…ない」と言うときは少ないという認識があるわけです。

「私は、パソコンが苦手でね」と言う年輩の人に、「パソコンもできないんですか」と言うと傷つくかもしれません。「あなたにはいろいろできないことがある。さらに、みんなができる簡単なパソコンまでもこなせない」という認識が読みこめるので、「こんな簡単なこともできないのか」と言われたような気分になるからです。一方、部下が上司に何か尋ねたところ分からなかったとします。そこで、「課長も知らないんだからしょうがないわよね」と言われても、言われた課長はそんなに悪い気はしないでしょう。「私たちよりもより多くのことを知っているはずの課長でさえ知らないんだから、私たちに分からないのも無理はない」という認識が読みとれるからです。少なくとも、課長のほうがよくものを知っているはずだという部下の認識が確認できますから、悪い気はしないわけです。

友達に「今日、飲みに行かないか?」と言ったら、「今日は、ちょっと」と言われま

した。「今日は、ちょっとだけつき合うって意味だな」と思う日本語話者はほとんどいないでしょう。というのは、「ちょっと」が拒絶や否定の際に使われることを知っているからです。すでに、こういう用法では数量を表す意味はなくなっています。この場合、「ちょっと」は話し手が聞き手にとって不利益になりうることを言ったり、好ましくない返答をすることをあらかじめ★示すはたらきをもっているといえます。「ちょっと、やってほしいことがあるんだ」と言うときは、依頼という、相手の負担になる行為ですから、広い意味の不利益といえるでしょう。発話のなかで、こういう働きをもつものを談話標識★と言います。「やっぱり」などは、そうならない可能性を考えてみたがそうなったという認識を表す談話標識です。話者の捉え方を映し出す要素は、「子どものくせに」「僕にだって」「そんなことくらい」などさまざまあり、副詞や接続詞のほか接続助詞や副助詞などにもまたがっています。

「本」は長いもの?

アフリカのバンツー諸語では、名詞がクラスと呼ばれるいくつかの種類に分かれていて、それぞれに伴う接辞などの形が違っています。もともと名詞クラスは、同類と認識されたものをまとめたものだったと考えられていますが、現在では一つのクラスを一つの意味で説明するのが困難な状況になっています。これと少し似たような状況にあるのが、日本語の類別詞です。

★「あらかじめ」というのは、実は厳密なものではありません。というのは、「今日は行けないなあ、ちょっと」のように最後に出てくることもあるからです。こう考えると、不利益を予告するというよりは、不利益を婉曲化するのが本質と言えるのですが、先に「ちょっと」が出てくると予告のはたらきをしたり、「ちょっと」だけで返答として成り立ったりするので、予告的な機能も考えたほうがいいでしょう。

★狭い意味の談話標識は接続詞の類だけを指しますが、これはむしろ論理関係標識と呼ぶべきものです。

日本では、これまで「一枚」の「枚」や「二足」の「足」は助数詞と言うことが多かったのですが、これに近いものは他の言語にもあるため、広い意味で類別詞と呼ぶことが多くなりました。この種の類別詞は、中国語やタイ語ほかアジアの言語では豊富にあります。別に日本語だけに特有のものではありません。

日本語の話者はある種の基準に従って使い分けていますが、それは対象の捉え方によるものと百科事典的な知識によるものの二種類があると考えたほうがいいでしょう。例えば、タンスを「さお」で数えるとかイカを「はい」で数えるというのは後者ですね。「うさぎ」は「匹」でなくて「羽《わ》」で数えるというのは、実は日本語の決まりというよりも、仏教などでの慣習というべきものですが、これも百科事典的な知識によります。一方、「枚」や「本」や「個」などは、ことばと直接結びついているというよりは、対象の捉え方と結びついています。一般に、「枚」は平べったいもの、「本」は長いもの、のように、対象の大きさや形状と関わりが深いわけです。「犬が三頭いた」と聞いたら、大型犬を思い浮かべませんか。虫やネズミや猫は「匹」で数えますが、「頭」は使いません。牛や馬は「頭」で数えますが、「匹」も使えるでしょう。つまり、ある程度大型の動物の場合は「頭」が使われるわけです。犬は、猫くらい小さなものから大型のものまでいますから「匹」も「頭」も使えますが、「頭」は原則として大型のものに使います。ただし、これは話者が「頭《トウ》を使うほど大きい」と認識すればいいのであって、別段体長何センチ以上という決まりはありません。つまり、捉え方次第なのです。これはまた、時代★とともに変化しうるということでもあります。ちなみに中国語では「匹」は馬やラバやラクダ専用の類別詞で、牛は「匹」では数えません。「頭」は大型の動物を数えるので牛や犬などのほか豚にも使えますが、犬の場合は本来長いものを数える「条★」もなぜだか使えるのです。

日本語では「本」は長いものを数えるというと、「電話一本」「連絡一本」「映画三本」「論文二本」「ヒット四本」などは、「長いから本」と言えるのか、という問題が出てきます。「電話」は電話線が長いとか、「映画」はフィルムが長いとか、ヒットはバットが長いというのはもうこじつけの世界でしょう。「長い」と言いにくいものの多くは、連絡に類する意味か、作品に類する意味に解釈できます。いずれもこちらから向こうに向かって放つものですね。連絡は特定の対象に、作品は不特定の対象に向けて「放つ」わけです。この「放つ」動きの描く軌跡が向こうへと長くのびるように感じられるという共通点を引き出すことができます。聴衆に向けて放つという意味では、「売れっ子評論家が一日に講演を二本こなす」こともあるでしょう。芸能界での「収録」も同じ意味で一本と数えられます。「原稿」も作品ですから一本ですね。収録や原稿や講演や公演が「仕事」であれば、これも「本」で数えられることになります。

中国語の場合も日本語の場合も、本来の意味・用法から派生して拡大した用法になると、本来の意味からかけ離れた使い方のように見えてしまいます。しかし、細かく調べていけば、ある程度つながりが見えてくるのです。

★「つ」と「個」は交換可能である場合もありますが、そうでないこともあります。「ほ乳類には目が二つあります」の「二つ」は「二個」と変えると違和感を感じるという人がいます。本来、独立性・個別性の低いものには「個」は使えず、「目」のようにたいてい身体の一部になっているものは取り出しでもしないかぎり個別に存在しているとは見なされないので「つ」を使ったのです。しかし、最近では、こういうケースでも「個」を使う人が増えてきました。用法が変化しているといえるでしょう。「三つ年上」を「三コ上」のように言う言い方も、もしかしたら関係があるかもしれません。

★「条」は、魚や、蛇のような形状のものを数えるほか、人間を指す場合にも使います。「犬」のほか「牛」「ロバ」も数えられるのですが、「猫」を数えるのには使わないようです。こうなると、文化における動物の位置づけなども考えないと理解できなくなりますね。

章末問題

Q8

問1 総主文は、面白い性質があります。「急に彼は来られなくなったよ」と言われて「どうして？」と聞くと、「彼は、奥さんが入院したんだ」という返事がありました。こういうケースでは、「彼は、奥さんが入院したんだ」という総主文は成立するのですが、「彼は、近所の家の奥さんが入院したんだ」は不自然です。内容的な不自然さ以外に、何か文の成立を左右する要因があるのですが、それは何か考えてください。

問2 「…した」を俗に過去形と言うことがありますが、タ形を使っていながら実は過去のことを意味していないケースが日常の発話のなかでも結構見られます。例えば、「さあ、買った、買った！ 新鮮だよ」と言う場合には、これから買うという動作をする(かもしれない)という状況でタ形を使っています。これ以外に、過去ではないタ形の用法を探してください。

Q9

問1 外来語を取り入れるとき、「…な」と「…の」で意味の違いが出ることがあります。「ブルーの本」と「ブルーな本」では意味が異なることがありえます。「アイアンのクラブ」と言うときは「*アイアンな」とは言いませんし、「ビッグなタレント」も「*ビッグの」とは言えません。「な」と「の」でどういう意味の使い分けをしているか説明してください。

問2　「大根を刻むもの」と「大根を刻んだもの」、また、「雨水をためるもの」と「雨水をためたもの」は、タ形でないかタ形かの違いです。しかし、これらは意味が異なると解釈することが多いようです。さて、どういう意味の違いがあるでしょうか？　また、その意味の違いはどこから生じているのか考えてください。

Q10

問1　「オリンピック」を「オリムピック」と表記したものを見たことがありますが、mで発音している「ン」を「ム」で書くことは現代の日本語の表記では一般的でありません。これは、「ム」でなく「ン」で書くほうがいいという判断があるからですが、なぜmに近い「ム」を使わないほうがいいと考えられているのでしょうか。

問2　「おそろしい」「しろい」「さむい」「おどる」「はたらく」「楽勝」を発音して、自分の発音でアクセントの上がり目と下がり目がどこにあるか、印をつけてみてください。また、東京方言では「着る」と「切る」のようにアクセントの違いが単語そのものの違いになるペアがあります。あなたの方言で、そういうペアを三つ探し出してください。（あなたの方言でアクセントの区別が明確でなければ、よく知っている方言で考えてみてください。）

Q11

問1 指示詞は時間を表すのにも使うことがありますが、「これから」「それから」「あれから」はどういう意味の違いがあるでしょうか？　「これ」「それ」「あれ」が指す時点は、時間軸上のどういう点なのか、考えてみてください。

問2 「のだ」は、「さあ、立つんだ」という命令や、「そうか、こうすればいいんだ」という発見や気づきを表すものもあります。これは、「判断済み」とは違う用法でしょうか、あるいは、同じ用法の派生的・発展的なものでしょうか？　その理由とともに説明してください。

第四章
さまざまな日本語

Q12 日本の方言はどのように分かれているのですか?

「方言」の「方」は「地方・地域・土地」といった意味です。ですから、ある地域に人が住んでいてことばを使っていれば、それは「方言」です。都市部は、他地域の出身者も住んでいることが多いので、もともと使われていたことばも徐々に影響を受けて変わります。よく、「方言がなくなる」と言いますが、その土地に人が住み続けるかぎり、その土地のことば、すなわち方言は消えることはありません。ただ変わってしまうだけのことです。そして、ことばとは使われ続けるかぎり変化し続けるものなのです。

方言をどう分けるか

専門的には「方言」は二つに分けられます。一つは、社会的な集団ごとのことばの違いで、「社会方言★」と言います。もう一つは、地域ごとのことばの違いで、これは「地域方言」と言っています。私たちが、普通「方言」と言って思い浮かべるのは「地域方言」のほうですね。例えば、東京も一つの地域ですから、東京地域で話されていることばは「東京方言★」です。

しかし、人間は社会生活を営んでいますから、ことばづかいも自分の所属する社会集団の影響を受けます。この場合の社会集団というのは、特定の学校や企業、任意の団体(同好会や宗教など)といった個別のものから業種・社会的地位・年齢・性別・教養★といっ

★「階級方言」という言い方もあるのですが、階級だけに影響されるわけではないので、ここでは「社会方言」と言うことにします。

★「東京方言」という言い方に抵抗がある人は、「方言=なまり」「東京語=標準語」と思いこんでいるせいでしょう。この思いこみはいずれも正しくありません。

★「教養」を正確に判定することはほとんど不可能といってもいいので、実際には「受けた教育」(学歴)をデータにすることが多いのですが、なかなか単純に比較できない場合もあります。戦前生まれの大学卒と二十歳代の大学卒では、進学率がかなり違いますから、評価も意味も同じとはいえないわけです。

たかなり幅広いものまで含んでいます。近世までは、武家ことばや町人ことばというものがイメージしやすかったのですが、現代の日本では階級によってそれほどことばが違うようには見えないかもしれません。あるいは、そもそも階級と呼ぶべき社会階層をどう決めればいいのかも不明確ですね。

ここでは、まず地域方言から見ていくことにしましょう。

方言区画

方言を地域ごとに区切って区画を作ったものを方言区画と言います。これは、単純に方言をどう分けていくかということを示したものに近いのですが、これも決まった一つのものはありません。方言というと語彙に目が行きがちですが、音声で区分すると語彙による区分とは同じ結果になりません。また、音声の区分もアクセントで見るか特定の子音で見るかによりさまざまに異なります。

まず、日本語を最初に二分するとき、「琉球方言」とそれ以外の「本土方言」に分けるという点では意見の相違があまりありません。琉球方言は、北琉球方言と南琉球方言に分けられ、前者は奄美★方言と沖縄方言、後者は宮古方言・八重山方言・与那国方言に分けるのが一般的です。ここで重要なのは、琉球方言はその内部に大きな方言差を抱えていて、北海道から九州までの方言差と同じくらいの方言差が琉球方言の内部に存在するということです。琉球方言には、古代日本語の痕跡がさまざまな形で残っているとい

★奄美諸島は、行政区画上は鹿児島県ですが、言語的には琉球方言の一つに数えます。また、たいてい、琉球方言といって紹介されるのは、かつて琉球王国の首府があった首里(沖縄本島)の首里方言です。首里は、現在は那覇市の一部になっています。

われ、日本語の歴史を研究する上でも重要な資料となります。

琉球方言以外の「本土方言」は、まず「八丈島方言」とそれ以外(「内地方言」などと言う)に分けることがあります。八丈島は、東京都下の島ですがおよそ三百キロメートル★ほど離れています。八丈島の方言が取り上げられるようになったのはそれほど昔のことではないのですが、八丈島方言は大ざっぱに見ると、東北・関東・中部・近畿・中国四国・九州のいずれの方言の特徴ももっており、どれか一つに含めることができないのです。細かく見ていくと、強いていえば東日本の方言の特徴が強いとは言えそうですが、どれにも分類しかねるので独立させて扱うという考えがあるわけです。

八丈島の方言を除いて考えると、本土の方言は、東日本の「東部方言」と西日本の「西部方言」に分けることができます。「西部方言」はさらに、九州方言とそれ以外に分けるのですが、最初から「東部」「西部」「九州」と三つに分けることもあります。ここから先の分類はいろんな説があります。「北海道方言」は「東北方言」の要素が強いのですが、全般的には「関東方言」に近いと見ることもあります。また、あとで扱うように「東京方言」は関東方言のなかでもかなり西部方言の影響が大きいので別に扱うこともあります。東部方言は静岡から甲信越地域までを含み、東海から北陸の西が西部方言に含まれるのですが、東部方言と西部方言を分ける境界線がはっきりと一本引けるわけではありません。新潟・富山・長野・岐阜・静岡・愛知のあたりには、東部方言と西部方言の混じり合う傾向が見られます。次の図は、東部方言と西部方言の文法・形態の特

★東京から三百キロメートルというと、西なら滋賀県近辺、北なら仙台を越えて宮城県北部に達します。もちろん、陸上の三百キロメートルと海上の三百キロメートルはまったく意味が違いますが、ともかく非常に離れているのです。

徴を分ける境界線★を個別の特徴ごとに引いたものです。内陸から山間部では各境界線は近づきますが、平野から海岸線に近づくにつれて境界線は開いていますね。

なお、九州方言は西部方言に含める場合でも、最初に分離されます。それだけ関西方言とは異なる特徴があるということですね。中国方言は東京式アクセントが分布しているところもあり、近畿と同じ京阪式アクセントを使う四国とは異なる点も少なくありません。出雲★方言のように東北方言の特徴をもっているものも見られます。

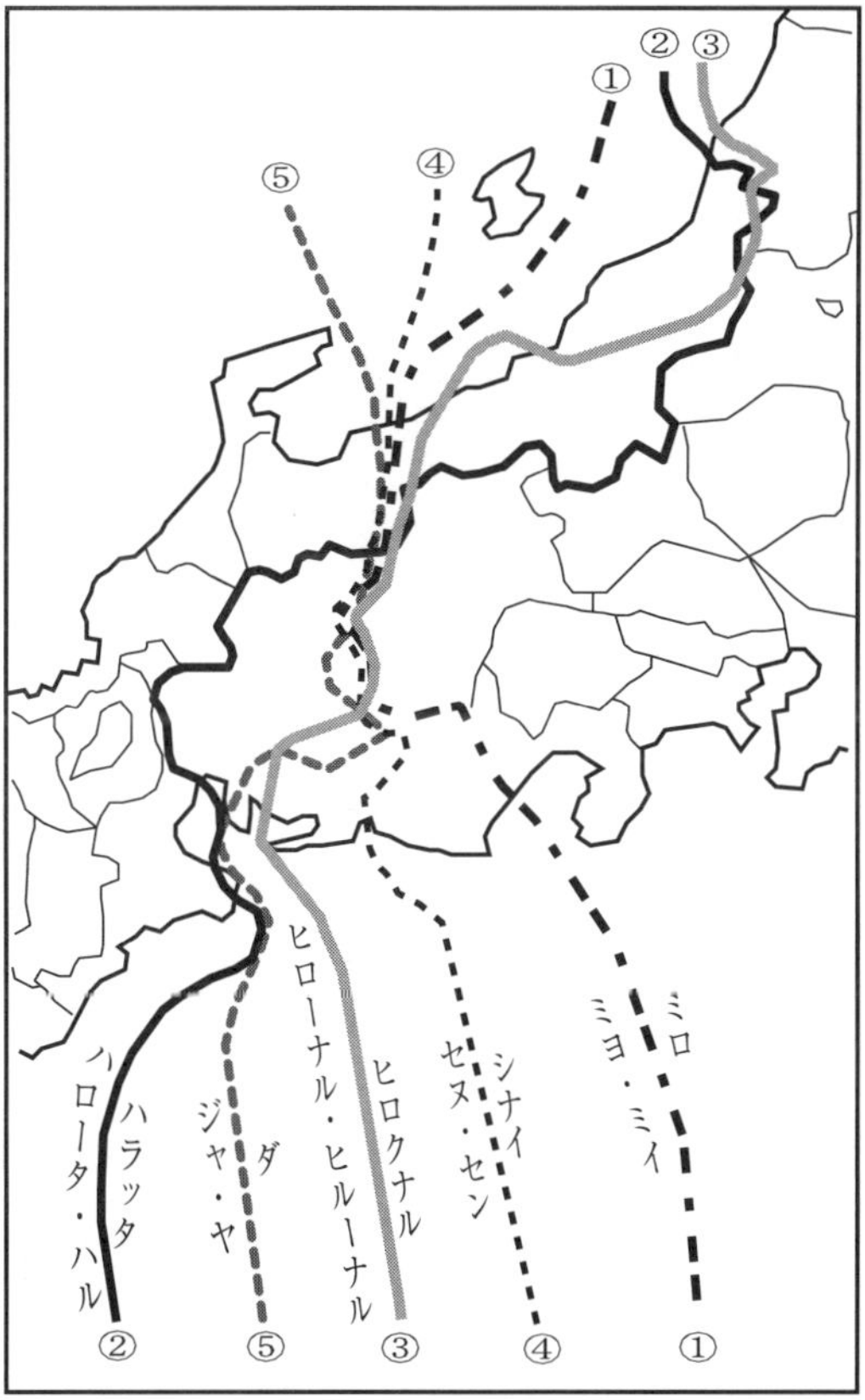

徳川宗賢著『言葉・西と東』をもとに作成しました

★この種の境界線のうち、同じ単語が使われている地域だけを括るように引いた線を等高線になぞらえて「等語線」と言うことがあります。

★故・竹下登元首相は出雲出身で出雲方言の響きが聞かれました。第一印象から東北の出身と思われることも多かったようです。

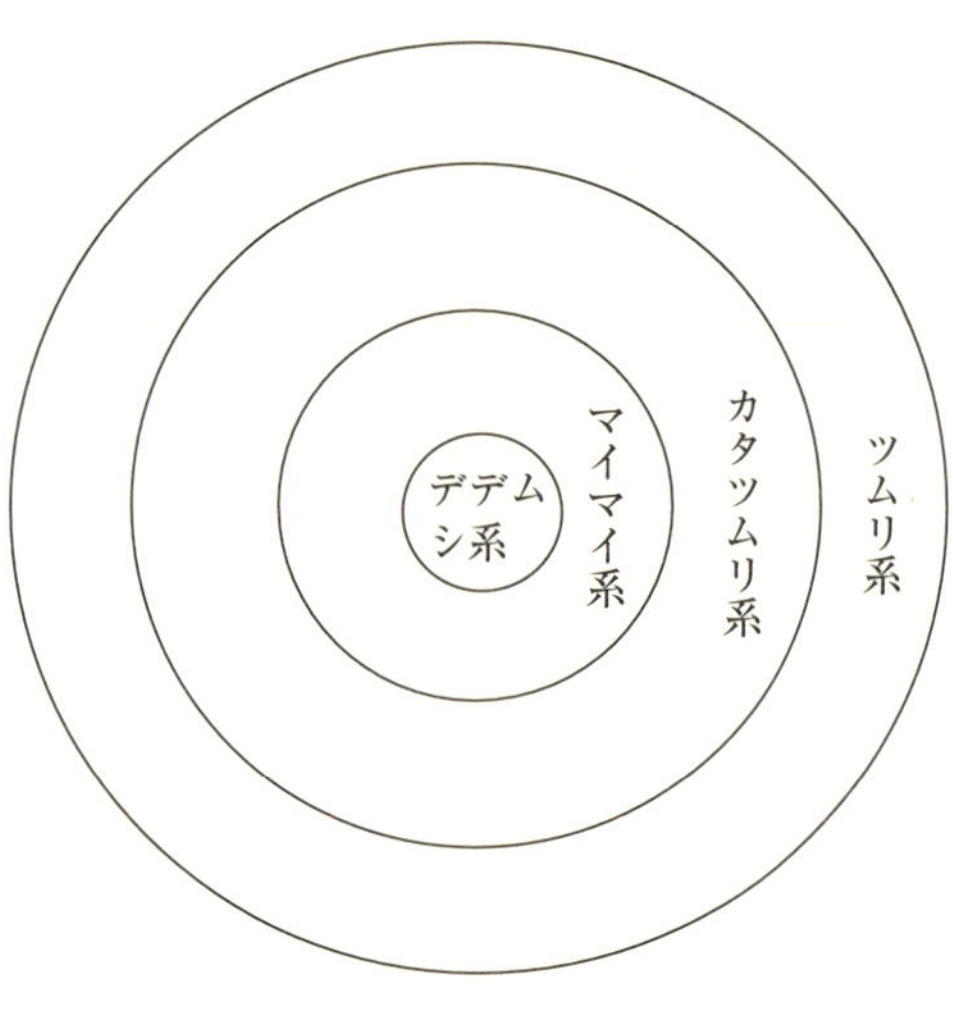

ことばの違いは変化が伝わった結果

インドネシアのジャワ島には飲み水が違うからことばが違うという言い伝えがあるそうですが、細かな違いは隣の町のことばと比較しても見えてくることがあります。しかし、大局的にことばの違いを見てみると、一つの面白いことに気づきます。「なぜ」という意味の「なして」が九州と東北に分布していたり、「とうもろこし」を意味する「から★きび」が岡山と名古屋に分布していたりすることです。柳田国男は、カタツムリを意味する語の全国分布を調べ、近畿から遠ざかるにつれ、「デデムシ」に類する形、「マイマイ」に類する形、「カタツムリ」に類する形、「ツムリ」に類する形が層状に広がっていることを発見しました。これは、政治的な中心であった近畿から同心円状にことばが伝わっていった結果できた分布だと柳田は考えました。言語的な中心地から同心円状にことばが伝わり、中心に近いところには新しい語形が分布し、周辺ほど古い形が残るという考え方を「方言周圏論」と呼びます。ドイツのシュ★ミットの波状説も似たようなイ

★あるとき名古屋出身の学生が「僕は名古屋出身ですがカラキビとは言いません」と私のところに言いに来ました。確かに若い人は使わないようですが、年輩層ではかつて使っていた人もあり、調査などでもデータに残っています。若い人は、東京方言は上手でも、自分の方言を知らないことが多いんですね。

★シュミットの波状説は、ダーウィン的な進化論で言語変化と分化を説明しようとしたシュライヒャーへの反論という色彩が強いものです。方言周圏論は、古い語形は新しい語形に押し出されてより遠くへ移動するというイメージですが、シュミットの波動説は古形は新しい語形や音変化が伝わることで消えると見る傾向があり、「押し出される」というイメージはありません。単純に同じとは考えないほうがいいでしょう。

メージでとらえる考え方ですが、この二つは同じ考えではありません。

方言周圏論がすべての要素に当てはまるのであれば、近畿から遠い地域の方言ほど古い日本語に近いことになります。しかし、これは部分的には正しいものの、そう考えられない語形もあるのです。このため、中央の影響の弱い辺境ほど独自の変化が生じやすいといった説など、いくつかの修正仮説が出されています。ただし、各地の方言のなかに古形があることは事実ですから、独自の変化の結果なのか、古形が保存されているのかといったことを明確にしていくことで、ことばの歴史が見えてくることは間違いがありません。

方言意識と規範意識

電車やバスのアナウンスは多くの場合、標準語(東京方言)が使われています。これは、より公共性の高い場面では、品位のあることばづかいをしようとする意識の現れだといえるのですが、その際に方言よりも標準語のほうに品位があり、より丁寧で礼儀正しいことばづかいになるという判断があるわけです。このとき、標準語のほうがより「威信が高い」などと言います。これは、日本語話者の多くが、より正式で標準的なことばづかいはどういうものかを知っているということであり、ことばの威信や正式さや標準に近いかどうかに関する意識を「規範意識」と呼んでいます。

規範意識は、特に方言か標準語かを選ばせるだけのものではありません。スピーチなどで「衷心よりお喜び申し上げます」と言って、「よかったね」と言わない場合には、堅苦しい言い方のほうがより品位★があり威信がありふさわしいと判断しているわけです。これは規範意識によるものなのです。そして、地元の方言と標準語が使い分けられている地域では、この規範意識に方言と標準語が組み込まれているのです。

もちろん言語そのものに優劣がないように、方言にも優劣★はありません。都会のことばが優れていて、地方のことばが劣っているということはありません。しかし、威信の高いことばとそうでないことばを私たちは普段区別しているのです。これは、標準語と地域方言だけに当てはまりません。地域方言の間でも、ある地方の中核的な都市のことばと都市部から離れた地域のことばでは、同じような序列が発生する可能性が十分にあります。言語も方言も、人間の用いる言語として見た場合は優劣も上下もないのですが、実際用いられている状況のなかでは有力な言語かそうでない言語かという序列のなかに組み込まれてしまうのです。

地域方言を使う場合には、自分が使っていることばが方言であるのかないのかを多くの場合話し手は意識しているものですが、この意識が成立するためには、自分の地域方言と標準語のどこが同じでどこが異なるかを知らなければいけません。知らないと方言とは気づかないまま標準語と同じつもりで使ってしまうことがあります。俗に「気づかない方言」などと言います。

鹿児島では黒板消しのことを「ラーフル」と言いますが、標準語だと意識している人

★品位があり威信があることばを使うことは、時に他人行儀な言い方になることがあります。逆にいえば、威信のない言い方のほうがより親しみのある、感情が伝わる言い方になることもあるわけです。ＣＭなどにはよく方言が使われることがありますが、そういう効果をねらったものなのかもしれません。

★これは言語そのものとして本質的に優劣の違いがないという意味で、同じ機能や表現を等しく備えているということではありません。例えば、東京方言や関西方言は他の方言に比べると比較的敬語法が多様になっており、豊富です。東京方言は、書きことばとしての日本語に近いということもあり、書きことばを話しことばに取りこみやすい（親和性が高い）ということはいえるでしょう。

が少なくないようです。大学の学年を「三回生」と言うのは関西に多いのですが、東京などではほとんど「三年生」という言い方をすることが知られていないことがあります。西日本では、ご飯をよそうことを「ご飯をつぐ」という地域がありますが、これも特に方言であるという意識は希薄なようです。また、愛知や岐阜では、「…してみえる」という形で尊敬表現を作ることがあり、「話してみえる」「来てみえる」は「話していらっしゃる」「来ていらっしゃる」という意味になりますが、これも特に地域方言であるという意識は薄いようですね。

方言にも文法の違いがある

方言とはいえ、同じ日本語だから文法が違うことはないだろうと思っている人は少なくありません。確かに、方言によって、語順が違ったり、関係代名詞があったり、というようなことはありませんが、細かな違いはあるのです。

東京方言では「ある」という動詞をテイル形にすることはできません。しかし、九州方言の一部では「あっている」という「ある」のテイル形が可能です。おおよそ、「会議があっている」と言うと「会議が行われている」「会議があることになっている」ほどの意味になるそうです。東京方言では、「行くと言った」「行くって言った」の「と」や「って」は省略することができません。「※行く、言った」は会話でも不適切です。しかし、関西方言では省略することが可能で、「★行く、言《ゆ》うた」は適格な文なのです。北

★適格というよりより自然というべきかもしれません。「行くって言《ゆ》うた」は「行く言《ゆ》うた」よりも東京っぽい感じが入ると感じる人もあるようです。

奥羽方言（北東北）の一部では、「荷物がある」を「荷物がいる」とそれ自体が移動する可能性のない無生物にも「いる」を使うことがあります。東京方言では、主として自己意志をもって移動する可能性のあるものに「いる」を、そうでないものに「ある」を使うわけですが★、北奥羽方言の場合は、移動可能なものに「いる」を使うという基準があり、東京方言よりも使用範囲が広いわけです。家など動かないものについては、「昔、ここに大きな家があった」のような言い方をするので、「ある」も使うわけです。

また、方言には東京方言にはない区別が可能な場合もあります。東京方言では、動詞のテイル形は大まかにいうと「今走っている」と使う進行の意味と「もう五キロも走っている」と使う場合の完了の意味の両方を同じ「走っている」で表すわけですが、西日本の広い範囲では使い分けが見られます。前者を「走りよる」、後者を「走っとる」のように表すわけです。東北方言は、東京方言の格助詞「に」に対応する「さ」という形をもっています。例えば、「東京に行く」は「東京さ行く」のように言うわけですが、このような使い方は東北全体に分布しています。しかし、「ここにある」という意味で「ここさある」と「さ」を用いない地域がかなりあります。前者は移動の到着点を表す用法で、後者は存在の場所を表す用法ですが、意味ごとに区別しているところがあるわけです。「さ」はもともと方向を表す「さま」が語源ですから、存在の場所には用いずに移動の到着点の場合にだけ「さ」と言うのは語源の意識が残っているせいなのかもしれません。

★これは、主に生き物のことですが、それに準ずる「車」などの乗り物やエレベータも「いる」が使えます。将棋の駒は差し手の意志で移動するわけですが、「飛車が近くにいる」と言えますね。

標準語と東京方言

東京は、関東にあるので、形式上は東部方言のうち関東方言に属していることになっています。しかし、よく見てみると東京方言には西部方言の要素がさまざまな面で入りこんでいます。室町時代から「京★へ筑紫に坂東さ」と言われてきましたが、これは方言の違いを象徴的に表しています。当時はおそらく坂東(関東)では、現在の東京のあたりも含め、広く「さ」を使っていたのでしょう。この「さ」は現在では、東北にはほぼ全域に残っていますが、関東では茨城・千葉の一部に残っている程度です。かつて、関東では「べい」という助動詞が使われていました。これは、古語の「べし」の転じたものですが、上方から関東の野卑なことばの特徴を捉えて「関東べい」などと呼ばれていたものです。これも、現在では東京都内ではすっかり姿を消してしまいましたが、神奈川県の藤沢や平塚から足柄のあたりまでは「べー★」が残っていますし、東京周辺の関東各地にも「べー」を残している地域は結構あります。東北地方に広く残っているのはみなさんご存じでしょう。東京の下町のなまりとして有名な「ヒ」を「シ」とする発音も、千葉・茨城・埼玉など関東から東北にかけて見られます。今では下町でも若い人はヒとシを区別しますが、「潮干狩り」などを読ませてみると混乱してしまう人はいるかもしれません。ただし、山の手地域の人で間違える人はいないでしょう。これらは、東京方言から、東部方言、特にかつての関東方言がもっていた特徴が消え去っていることを意味しています。

★これは中世から方言差が意識されていたことを示しています。京都を中心とする近畿では「へ」、筑紫に代表される九州では「に」、東日本では「さ」が用いられていたということですが、今でもこれらは使われていますね。

★人気アイドルグループSMAPの中居クン(藤沢市出身)がテレビでよく「そりゃちがうべー」などと言っているのを耳にします。「関東べい」を知る前、私は、この種の「べー」は横浜より向こうの不良が使うのだと勝手に思いこんでいました。また、江戸に入った徳川家康が、庶民が「べーべー」言っているのを聞いて、「気分が悪いからやめさせろ」と言ったので江戸から関東べいが消えたという話があるのですが、真偽のほどは確かではありません。

さらに、東京方言には上方などの西部方言の影響を受けた語彙やアクセントが混じりこんでいるといえる面があります。周囲から言語的特徴において際だっている地域を★「言語島《げんごとう》」と言うことがありますが、東京方言はまさに一種の言語島なのです。関東にありながら、関東方言的ではないと言われるゆえんです。

標準語は、話しことばの標準的な日本語とされるもので、東京山の手のことばを土台にして形成される理想言語を指していると考えるのが一般的です。つまり、標準語とは誰の母語でもない、理想化された言語（日本語）なのです。もちろん、東京方言に最も近いことは疑いないのですが、東京方言がそのまま標準語というわけではありません。共通語という言い方もありますが、専門的には標準語と区別するのが普通です。つまり、共通語は実態として意思疎通のために共通の言語として用いられているものを指すのです。この場合、現在の東京方言が全国共通語と言っていいでしょうし、大阪方言を関西共通語とするという見方もありえるかもしれません。

標準語は、ある意味で理想状態を追求した人為的な言語だといえるのですが、基盤にしている東京方言に影響されて、標準的でなくなっているところもないではありません。例えば、標準語では「十本」「十回」は「じっぽん」「じっかい」と発音することになっていますが、これは、★「しゅ」「じゅ」を「し」「じ」と発音する東京方言の習慣を引き継いだものです。「じゅっぽん」のほうが「じゅう」のもとの形をより残しているため好ましいと考えることもできるわけですが、アナウンサーなどは「じっぽん」と発

★通例、言語島は交通の便がよくない土地で、周囲から隔離された状況にある集落などに見られます。「言語の島」などとも言います。

★「新宿」「原宿」「塾通い」などを「しんじく」「はらじく」「じくがよい」と発音する東京方言話者は今でもそれほど珍しくはありません。

音するように指導されるのです。

いずれにせよ、特定の方言を基盤にして標準語は作り上げざるをえないのですが、標準的な日本語はいかにあるべきかについて知恵を出し合い、意見を出し合うプロセスは継続的に必要でしょう。東京方言をそのまま標準語にしちゃえ、というのは、楽な方法ではあるのですが、むしろ「標準」ということから遠ざかっていきかねない姿勢です。

新しく生じた方言の変化

日本語の変化のなかには、地域の方言が他の影響を受けて変化するものも含まれます。特に東京方言（標準語）の影響が及んで新しい中間形が出てくることがあり、これは「ネオ方言」★と呼ばれています。例えば、富山県富山市では「これって何？」と言うとき、「これちゃなんけ？」のような言い方をしますが、富山方言だけで話したくないが、かといってすべて標準語にするのも抵抗があるという場合には、「これちゃなに？」のような融合形というか中間体が出てくることがあります。関西弁で「あかんやないか」と言うところを若い女性は「あかんやないの」と言うことがあるそうですが、これは、「ダメじゃないの」という東京方言の言い方の語尾を借りて、少し標準語風にした関西方言といえるでしょう。ちょうど中間的な言い方であり、純然たる関西方言とも、また東京方言ともいえません。これが「ネオ方言」と呼ばれるものです。

方言形のなかには、新たに誕生し広がったものもあります。北海道で使われる「行く

★「ネオ方言」「ネオ・ダイアレクト」は、社会言語学者・真田信治が提唱した概念です。首都圏以外の各地域に住んでいる方は、自分の周囲にないか、また、自分で使っていないか調べてみてください。

でしょう」「いいでしょう」の意味の「行くっしょ」「いいっしょ」などは、大正生まれまでの老年層ではあまり使わず、戦後生まれ、特に若年層で広く使われています。長野市周辺の「…しない」も若年層での使用が多く、老年層ではあまり使用しないようです。これは、「行くしない?」で「行かない?」と勧誘するような言い方になっているわけですが、使用地域は限られています。愛知県・岐阜県では、若年層中心に自転車のことを「ケッタ」と言うそうですが、これも新しい言い方です。標準語では使わず、方言という意識をもちながら若い世代で多用される形を「新方言★」と呼ぶことがありますが、この「ケッタ」などは新方言の例といえるでしょう。

このように、標準語（東京方言）との干渉で新しい形が生じたり、特定地域だけで用いられる方言形が見られるなど、各地域の方言は今でも変化し続けているわけです。

Q13 流行語はなぜすたれてしまうのですか?

実は、流行語に科学的な定義はありません。流行語は、①新しく広まった（または、広まりつつある）社会風潮や現象、あるいはその一部や関連するものを表すことば、②その時代や社会状況を象徴することば、③影響力のあるメディア（CMやタレントなども含む）が用いたことばが広く受け入れられたもの、に大別できます。かつての「みゆき族★」や最近の「コギャル」などは①ですし、「リストラ」も①に入るでしょう。これらは、現

★「新方言」は、社会言語学者・井上史雄による用語です。北海道の「…っしょ」、長野の「…しない」も新方言の例と見てよさそうですが、人によっては「方言という意識」が希薄で、標準語でも通じると思っていることがあるようなので、典型例とは言いがたいですね。

★あなたがもし十代か二十代なら、お父さん・お母さんに聞いてみてください。きっと、よく知っていると思いますよ。ちなみに、マンガの『みゆき』とは関係ありません。

象や風潮や商品などの流行にことばが連動しているものなので、本体のほうが流行《はや》らなくなれば、ことばのほうもすたれます。②は「バブル」や「いやし(系)」などがそうですね。これは時代を象徴するものなので、時代が変わってもそう簡単には消えませんが、ことば自体が流行しているという感覚は希薄かもしれません。③は、一気に流行することがありますが、飽きられればすたれるのも早いですね。これは、すでに触れた(第二章Q7)ことばの消耗品的な性質がよく現れているといえるでしょう。

社会方言という考え方

同じような社会階層に属している人たちは、特に仲間という意識がなくても共通する志向や行動パターンをもっていることがあります。同じことがことばにも当てはまると見るのが「社会方言」の考え方です。一九六〇年代にラボフという言語学者がニューヨークで高級デパート・中流デパート・庶民層デパートの三つで★店員の発音を調べ、階層と発音に関係があることを示しました。

社会方言という考え方は、○×語とか○△方言といってもみんながみんな同じことばを話すわけではないという素朴な観察から出発しています。二十世紀の後半に★主流となった生成文法では、化学でいう理想気体に相当する「理想言語」の記述と分析と説明を目標にしましたが、理想状態の言語を話す話者は実在するわけではなく、個々人によってずれや違いがあるわけです。しかし、個々人の違いやずれは無秩序にあるわけで

★日本で同じことを追加調査したのかどうか寡聞にして知らないのですが、日本では少し難しいかもしれませんね。英語では語末のｒについて調べたのですが、日本語では階級差が反映するような発音を見つけるのがまず難しいようです。また、デパートの格は分かるかもしれませんが、総中流社会(幻想?)と言われる日本では、社会階層別に分けるのは至難の業かもしれません。

★世界中のすべての国で主流だったわけではなく、言語研究が盛んないくつかの国で影響力をもっていたというのがより正しい言い方でしょう。日本もそのなかの一つに含まれます。

はなく、一定の傾向や方向性や規則性をもっているのだ、と考えるわけです。こうして生まれたのが社会言語学という分野です。社会言語学は現在では、方言学やコミュニケーション研究など、いくつかの分野を含む一つの総合的な学問領域になっています。

ある社会的な条件があれば、話し手がそれほど意識しなくても、同じようなことばを使う傾向が見られます。例えば、男性のことば・女性のことばにはそれぞれ一定の傾向が見られます。また、地域が異なっていても、若者のことばには共通性が見られます。これは、全国の女性が集まってことばづかいを決めたり、若者が自分たちの話し方に統一基準を作っているからではありません。自然にそうなっているのです。

一方、特定の集団では、自分たちのことばを意識していることもあります。専門家どうしは専門用語を使って、また、特定の業界の人は業界のことばを使って話をするでしょう。これは、そのほうがより細かく微妙な内容を効率よく話せるからですが、専門外の人や別の業界の人が聞いても分からないかもしれません。このように限られた人にしか分からないことばを「ジャーゴン」と言うことがあります。ただし、専門用語や業界用語は、もともと回りくどく説明しなくても特定の概念が分かることを目的にしたもので、部外者★に分からないようにするという目的はありません。しかし、仲間内でしか通用しないことのほうを目的としたことばもあります。いわゆる「隠語」と呼ばれるものですが、これには、①外部の人間に知られたくないことでも話せる、②仲間意識を高める、といった機能があります。機能とまではいえませんが、ことば遊びとしての側面

★本来そのためのものではないからですが、使う人が部外者に分からないようにするために業界用語を使うことはあるかもしれません。あるいは、業界人っぽく見てほしくて使うことはあるかもしれませんね。

もありますね。本来、ことばは何かを「伝える」ものですが、こういう場合には「隠す」はたらきをもちます。また、仲間意識を高めるという機能は、内部と外部を明確に分け、分からない人間を排除するというはたらきもします。分からない人間は「仲間ではない」ということになり、疎外感を味わうこともあるでしょう。こういう機能をもっていますから、隠語はあまり品位を伴うことばとは見なされません。

隠語も一般に知られることばになることがあります。例えば、本来隠語であった「ダフ屋」などは知っている人が多いでしょう。警察関係者が言う「マルソー★」「マルボー」や芸能界で言う「ケツカッチン」や「ばみる」なども知っている人が多いかもしれません。隠語というほどではなくても、特定の職場や特定の学校(あるいは特定のクラス)でしか通じないことばというのは、結構あるものです。

しばらく前から、アクセント核のある起伏式の単語を平板式で発音する傾向が見られるようになりました。最初は、「サ」ーファー」(●○○○)であったはずが「サ」ーファー」(○●●●)のように発音されることから報告され始めたのですが、今では後者のほうが一般化★していて、首都圏の若者では前者の発音はほとんど聞かれません。「彼氏」を「カ」レシ」(○●●)と平板に発音する女の子が父親に「カ」レシ」(●○○)と起伏式で発音するようにしかられるテレビコマーシャルもありました。平板化は、カタカナ語を中心にさまざまな語に見られますが、専門家が専門的な領域について使うときに現れやすいことから「専門家アクセント」と呼ばれたこともありました。例えば、

★「マルソー」は、フランスの女優ソフィー・マルソーとは関係がありません。「暴走族」のことですね。「マルボー」は暴力団のこと、「ケツカッチン」は出演者が次の仕事の予定が入っているため出なければいけない時間が決まっていること、「ばみる」はスタジオなどで出演者の立ち位置などを決める(あるいは、立ち位置などが分かるようにテープで床に目印をつける)ことを意味します。

★放送でも後者が聞かれるようになっています。『NHK日本語発音アクセント辞典(新版)』(一九九八)は、アナウンサーなどのアクセントの基準となるものですが、両方認めています。

パソコンの「ディ⌝スク」★を、一般の人は「ディ⌝スク」（●○○）と起伏式で発音するのに、★ＳＥなど業界の人は「ディ⌝スク」（○●●）と平板式で発音する傾向が見られたからです。この種のアクセントは自分が特によく知っているものであることを示すために用いられたと見るべき点もあります。学校のクラブ活動でも、野球部の生徒は「グ⌝ラブ」（○●●）と平板式で発音し、野球部以外の生徒は「グ⌝ラブ」（●○○）と起伏式にするという傾向が広く見られることが報告されています。この場合、平板化は、①専門的に詳しいということ、②ある特定の集団や業界に属していること、を示すマークになっているといえます。①も②も隠語と少し似た性質がありますね。平板化アクセントを使う人のなかにいて一人だけ起伏式のアクセントを使うと疎外感を味わうかもしれません。でも、逆のケース（起伏式のアクセントを使う人のなかで一人だけ平板化させて発音する場合）では、むしろ優越感を覚えるのかもしれませんよ。

　最近は、「ク⌝ラブ」（●○○）は「手芸クラブ」などの「クラブ（倶楽部）」のほう、踊りに行くのは「ク⌝ラブ」（○●●）と平板式にするとか、「ド⌝ラマ」（●○○）なら家族そろって見たり、お父さんお母さんが見るもの、若者だけが見るトレンディードラマは「ド⌝ラマ」（○●●）と言うとか、そういう区別も発生してきました。①②は話し手に関する情報を示してはいますが、単語の意味は特に変わっていません。この種の使い分けが発生したというのは、もしかしたらこれからの日本語に大きな影響を与える変化になる可能性が低くないことを意味しています。「③意味の違いを明示する」という機能

★いろんなメディアがありますが、ここではフロッピーディスクとかＭＯディスクとかを思い浮かべてください。

★システム・エンジニアのことですね。コンピュータのシステムやソフトウェアの設計なんかをやる技術者のことです。

も追加しておきましょう。この場合、平板化させると、「より都会的、よりかっこいい、より新しい、より価値がある」といったニュアンスを加え、意味を狭くすると考えればいいでしょう。起伏式のもとのアクセントは、それと対比されるところから意味が出てくると考えたほうがいいと思います。つまり、平板化のほうが有標★なのです。

女性語と男性語

日本語は一・二人称の人称代名詞が豊富な言語ですが、「ぼく」「おれ」は原則として男性しか使いません。「行くぜ」は男性、「行くわよ」は女性といっていいかもしれませんが、この種の使い分けは近年衰退してきました。女性のことばと男性のことばが近づいてきたといえるでしょう。

言語によっては、名詞に男性形と女性形が存在するものがあります。フランス語の「大学生」であれば、étudiant という男性形と étudiante という女性形があり、「私は大学生です」と言うときに性別★を表示しなければいけなくなります。男性形と女性形がある場合、女性形が女性であることを明示する有標形で、男性形は女性であることを示さない無標形であることが多いのですが、男女で用いる助辞の形が変わる言語もあります。タイ語では、「こんにちは」は、男性は sawàtdii khráp（サワディー・クラップ★）と、女性は sawàtdii khâʔ（サワディー・カー）と言わなければなりません。

日本語の「議長」はもともと性別に関係がありません。しかし、英語では chairman と

★何かの特徴が明示されない中立的なものを言語学では「無標」と言い、これに対して何かの特徴を積極的に示すことを「有標」と言っています。一般に原形や基本形は無標になります。例えば、西欧語では名詞の単数形が無標で、複数形が有標です。

★この場合の性別は、生物学上の性別ではなく、社会的な性別（ジェンダー）です。

★男性形の最後の p は破裂しないで口を閉じたままの p です。ʔ は、声門閉鎖音と言いますが、声帯をしめて音を止めることを指しています。声門閉鎖音は東南アジアの言語には豊富に見られます。

いう本来の形はmanを含んでいるため、表す意図がなくても性別を表示していると見なされてしまいます。女性の場合はchairmanに対してchairwomanと言えばいいわけですが、これも性別表示をしたくない場合には困ります。そこで、chairpersonあるいはchairという言い方が一九六〇年代以降なされるようになり、性別を表さない（gender-freeな）言い方は、名詞全般に広がりました。このように不必要な区別や差別を含まない表現は、英語ではＰＣ★（Politically Correct）と呼ばれ、現代においては必要な知識になっています。

表現上は、男女の差が縮まっても、完全に同じになるわけではありません。表現の選択の上では、程度の差こそあれ、女性のほうが丁寧で威信の高い形を多く用いる傾向があることが確認されています。発音などでも、平均値では女性のほうが丁寧に発音する傾向が見られます。この理由について、トラッドギル★は、①女性は子どもに自分の文化を伝えようとするが、その際よりよい文化を伝えようとする（ことばづかいが丁寧なほうがより受け入れられやすい）から、②女性の社会的身分は不安定なので、それをことばづかいで補おうとするから、③男性は能力で評価されるが、女性は振る舞いなど相手にどう映るかで評価されやすく、言語の上でも着飾ろうとするからだと分析しています。エ★イチスンは、これに対し、この種の特徴は社会的弱者の特徴で、男性よりも女性のほうが社会的に弱い立場に置かれていることの反映でしかない、と批判しています。

日本でも、文の途中で区切りを入れて上げ調子にする「半疑問調★」は若い女性に多い

★これは「政治的に正しい」という意味です。本来は政治的に適切で、政治家が口にしてもとがめられることのないという意味合いでしたが、そういう表現であれば、いつなんどき誰が口にしても適切ということですから、一般化したわけです。

★トラッドギル（Peter Trudgill）はイギリスの社会言語学者（男性）、エイチスン（Jean Aitchison）はイギリスの言語学者（女性）です。

★「半クエスチョン」「疑似疑問」などさまざまな呼び名があるようです。「今度、ゆりかもめ？　乗るんだけど…」のようにポーズをおいて上げ調子にする言い方ですね。

といわれていますが、若い男性が使うこともありますね。半疑問は、①聞き手の注意を引きつけて相づちを引き出す、②重要な語が際だつため理解されやすくなる、③自分だけが知っている情報であるかのように扱わない（知ったかぶらない）ことで受容されやすくする、④聞き手に対して配慮しつつ話している姿勢を明示する（これは①②③の総合による機能）、といった機能が考えられますが、反面まだるこしい話し方とも思われかねませんし、③は自分で言ったことを自分で確認するようにも見えることから違和感を覚えるという反応が出てくる可能性もあるでしょう。これは、受け入れてもらいやすくするための「戦略」とはいえるでしょうが、弱者の言語行動とは考えにくいですね。

ことばと年齢

「やめるんじゃ」とか「わしは分からんのう」という言い方をするおじいさんが昔話には出てきます。こういう言い方を「老人語」などと記していた本もかつてはありました。しかし、現在、東京方言を話す老年男性でも「じゃ」や「わし」や「のう」を使う人はまずいないでしょう。むしろ、広島方言としたほうが実態に合っているかもしれません。では、どうして「老人語」というイメージがあるのでしょうか。

江戸初期、江戸の町は西部方言を用いる武士や商人がたくさん住んでいました。当時はまだ、上方のことば（特に京都方言）が標準的なことばでした。江戸の地元の人々は、江戸方言を使っていましたが、今の東京方言と違い、関東方言の色が濃いことばでした。

★聞き手が一人、もしくは少数なら、相手の理解度に応じて、ことばを補う（説明を加える）ことも可能でしょう。

★知ったかぶりの嫌みな感じを回避したら、賢くない話し方に見られてしまった、ということでしょうね。

室町時代から関東地方では、「そうだ」のように指定の助動詞は「だ」を使っていましたが、上方では「じゃ」を用いて「そうじゃ」のように言うのが一般的でした。江戸に幕府が置かれても、最初は身分が高い人たち（武士）や経済的影響をもっていた人たち（商人）の多くは上方方言を使っていますから、そのことばづかいは下層民たちへも浸透していきます。江戸時代の中期までこの状況は続きますが、町人たちが使う関東式の言い方も徐々に受け入れられ始めます。「だ」といった関東方言は、当初、下品で野卑な言い方と見られていましたが、徐々に、若い者の粋な言い方と受け取られるようになっていきます。十八世紀の半ばの洒落本★を見ると、「だ」と「じゃ」が併用されていた様子が分かりますが、「だ」が一般化するに従い、「じゃ」は年輩の長老的な人物が用いることばとして描かれるようになるのです。これは、ある程度実態を映していると思いますが、新しい「だ」が無教養な若者のことば、「じゃ」が物知りの年輩者のことばと色分けするような見方があったのかもしれません。同じような扱いを上方方言の一部が受けた可能性があるでしょう。この結果、すでに「じゃ」を用いることがほとんどない現在の東京方言でもその痕跡が残っていて、おじいさんのことばという感じがするわけです。

若者とおじいさん・おばあさんのことばが違っているということは誰しもが感じていることでしょう。全般に、若者は新しいことばの発生や変化に敏感です。これは新しいことばを作り出すのに中心的に関わっているのが若年層であり、また、同世代の動向に

★洒落本は、遊里を舞台に小説形式をとった読み物で、会話がふんだんに出てきます。生き生きとしたリズミカルな描写に利用されているのですが、ここから当時の江戸のはなしことばを知ることができます。十八世紀半ばの宝暦期から出版されはじめ、十九世紀の文化・文政の頃には衰退してしまいました。

関心が高い若年層が新しいことばを取り入れるのに熱心だからです。各地の地域方言についても、老年層は自分たちの方言と他地域の方言の違い、あるいは、東京方言との差をあまり意識していないことが多いのですが、若年層は自分たちの方言と他地域の方言の違いをよく知っており、比較的客観的に自分たちの方言を捉えているという調査結果もあります。

若者は、★インパクトのある表現、斬新で新鮮な言い方を求めて、新しいことばを作り、使い始めます。現代では、さまざまなメディアが発達しているせいか、同世代ではかなりのスピードで広がることがあります。しかし、それが上の世代に広まるのには時間がかかるようです。新しいことばも使っているうちに新鮮さもインパクトも失われますから、しばらくするとまた別の語を求めて変わっていくことも少なくありません。

ことばの幸福と権利

近年、ことばも基本的人権の一部に含めるべきではないかという考えが出てきました。生まれてから最初に習得した言語(第一言語)を「母語」と言うわけですが、母語の影響は強いものです。他の方言や他の言語を学び覚えて話すときなどにも影響が出てくることがあります。この種の影響を母語の「干渉」と言いますが、例えば、母語(母方言)と標準語との違いが大きければ大きいほど干渉が目立ちやすくなります。俗に「なまる」と言われている現象ですね。

★「チョー」という副詞は一九八〇年代の半ばにすでに首都圏のかなりの中高生が使っていました。しかし、世間で話題になったのはそれから数年してからでした。なかなか大人には浸透しなかったのでしょう。一九九〇年代には、首都圏の二十代でも使う人がかなり増えましたが、これは八〇年代の中高生が二十代になり、さらに使用者が拡大したからです。

「なまっている」というのは馬鹿にした言い方ですが、生まれてから最初に習い覚えた母語・母方言の干渉が出ることをからかったり、ばかにされたりするいわれはないはずです。誰しも自分の母語・母方言を愛し、これを自由に使う権利があり、また、その権利は守られなければならない、というのが「ことばの基本的人権」という考え方です。自分のことばと違うからといって、他の人のことばをあざ笑うのが愚かしい行為であることは疑いないのでいいのですが、だからといって、好き勝手に自由気ままに話してもいいのかという問題もあります。というのは、ことばは通じなければその本質的なはたらきを果たしたとはいえないからです。

それぞれの言語は、その構造と機能においては本質的な優劣はありません。しかし、実際には話者の数、社会的な地位、商業的な利用の仕方などによって、価値の違いが生じ、序列化されます。世界中で理解する人が多く、需要も学習者も多く、メディアでの利用も多い英語は、まさに有力言語であり、場合によっては「金になる言語」「儲かることば」かもしれません。日本語は、それほどでもありませんが、有力言語であり、そこそこちょっとは「金になる言語」でしょう。しかし、話者が少ない少数民族の言語は、弱者の言語であり、もちろん、「まったく金にならない言語」でしょう。しかし、それでも話し手がいて、実際に使用されているのであれば、話し手の「言語権」は守らねばなりません。日本国内で日本語を母語にして生まれた日本人は思い至らないかもしれませんが、母語によって不利益や差別を被る少数民族が世界にはいるのです。とはいえ、すべての言語を有力言語にすることはできませんから、有力でない言語を母語とする人が極力不利益を受けないようなシステムを考える必要があるでしょう。

有力言語を母語としてもつ人は、言語的な強者ですから、「言語強者」と呼べるでしょう。相対的に有力でない言語を母語とする人は「言語弱者」と呼べばいいでしょう。強者弱者は相対的に決まるものですが、一般に言語強者は自分がそうであることをあまり自覚していません。近年企業では、会議に英語を母語とする人が一人でもいると参加する日本人もすべて英語を使うというところがあるそうですが、これは英語話者が言語強者で、日本語話者が言語弱者であることの典型的な例です。言語 Aの話者が一人で言語 Bの話者が十一人いるのならば、前者が言語 Bを学んだほうが全体の負担は少なくて済みます。六人ずつなら、双方がある程度互いの言語を学んで、二つの言語を取り混ぜて使う方法もありえるかもしれません。しかし、実際にはそうなっていません。言語的な強者と弱者が相対的に決まるからです。

このことは、方言についても当てはまります。標準語ときわめて近い東京方言を母語とする人は、他の方言を母語にする人に対して、言語強者であるといえます。言語強者は自分がそうであることをふつう意識しないので、東京方言を母語にする人間は自分が言語的に強者だとはあまり思っていないものです。東京方言であれば、日本中どの地域で誰を相手に使っても通じないということはまずありません。しかし、他★の地域の方言はそうはいかないでしょう。言語の基本的人権という考え方を理解し、言語強者・言語

★ただし、関西方言は別格と見るべきかもしれません。関西方言の話者は東京方言話者に対しては、言語弱者かもしれませんが、他の方言話者に対しては言語強者だと言うべきでしょう。これは、関西方言が東京方言をのぞく他の方言よりも多くの地域で理解されやすいことなど、さまざまな理由があります。

弱者という関係を意識するだけでは、なかなか問題は解決しません。他の言語や他の方言を受け入れ、認めるという姿勢、また、他言語・他方言をよく知ることも必要です。

Q14 敬語の使い分けになにか基準はあるのですか？

「敬語は難しい」とよく言われます。確かに面倒くさくて難しそうですが、簡単に使いこなせるのであれば、それに越したことはありません。一般に、敬語に対する関心は高く、ことばに対する関心の主要な一つの分野になっているといえるほどです。なにか簡単に使いこなす方法があれば知りたいと思うのが人情です。

どんな言語にでも「敬語のようなもの」はある

日本語のように複雑な敬語をもっている言語は、世界広しといえども他に例を見ないのではないか、と思う人は多いようです。しかし、これは正しくありません。

最近は「敬語」と言わずに「敬意表現」「待遇表現」と言うことが多いのですが、「聞き手や話題にする人物をことばの上でどのように扱うかを示す表現様式」と考えておけばいいでしょう。聞き手に対して丁寧な言い方ができないとどんな言語でも困るでしょう。だから、敬語のはたらきをする要素は、どんな言語にでもあるのです。ただ、その表し方が違うだけなのです。日本語は、敬語専用の要素が文法体系のなかに組み込まれていますが、英語などはそういうことはありません。英語など欧米の言語の場合には、ことばの使い方で丁寧さを表すのが普通です。Lend me the book.「その本、貸せ」と言うと命令になりますが、Can you lend me the book?「その本貸してくれる?」であれば質問文の形を借りた依頼です。I was wondering if you could lend me the book.「その本を貸していただけないかと思っていたんですが」は非常に丁寧に希望を伝えることになります。いずれも、「その本が借りたい」という点では同じ意向をもっているわけですが、表し方によって丁寧度が違うのです。これらの表現に使うcanもwonderもifもいずれも敬語専用の要素ではありません。通常の語彙や文法要素を「使い回し」て敬意表現を表しているので、主として語用論で扱うべきテーマになります。

欧米の言語からすれば、「見る」★という動詞が「ご覧になる」という尊敬語や「拝見する」という謙譲語に変わる日本語の敬語は異質なシステムであり、難しいと思うでしょう。しかし、朝鮮語でも同じことがあり、例えばmɔg-「食べる」はcabsusi-「召し上がる」のように別の形を尊敬語として用いるのです。もっとも複雑な敬語の体系をもっているといわれるのはジャワ島のジャワ語で、常体・準敬体・中間体・敬体という四つのスタイルがあり、これを年長年少あるいは社会的地位や親しさの度合いなどで使い分けるのだそうです。このほかにチベット語も敬語専用の要素をもっているといいます。

欧米の言語は文法体系に組み込まれた敬語要素ではなく、ことばの運用で敬意を表す

★まあ、seeやtake a look atの代わりにobserveを使うと謙譲語のニュアンスは出るかもしれません。というのは、observeは「観察する」という意味があるのですが、「手出しをしないで見ている」という意味が中心にあるため、多少控えめな意味になるからです。こういう意味からobserver「部外者」のような使い方が出てくるわけです。

と言いましたが、例えば、二人称の使い方が典型的な例です。フランス語やドイツ語には、聞き手を表す二人称の複数形を単数の相手にも使うことがあります。これは、二人称複数を使うことで丁寧な言い方にするのです。フランス語ではvousという二人称複数を使うことで丁寧な敬意ある言い方となり、これに対して本来の単数形であるtuを使うと敬意のない、しかし、親しみを込めた言い方になります。それぞれ、vouvoyer「vousを使って話す」、tutoyer「tuを使って話す」というのですが、ここで大事なことは、敬意ある言い方は距離を置く言い方になり、敬意のない言い方にすると親しみを込めた言い方になるという点で、このことは敬意表現全体に当てはまります。

日本における敬語の位置づけ

ごく単純な言い方をすれば、敬語は人間関係における「配慮」をことばで表すものだといえます。従って、どうしても礼儀や作法というべき側面と関わることになりますし、社交上のマナーあるいは人づきあいの基本ルールという性質ももつことになります。実は、学校教育で現代語の敬語（待遇表現）を系統立てて教えることはあまりありません。古典解釈の必要上、尊敬語や謙譲語は国語で学ぶかもしれませんが、実際にどういう尊敬語を使うべきか、どう謙譲語を使うべきかを実践的に学校で教えるところは少ないでしょう。これは、学校教育のカリキュラムのなかで敬語にほとんど重点が置かれていないこと、社会常識・一般常識のように成長するに従って自然に身につけるべき

★とはいえ、大学・短大のなかには、「日本語表現」「言語表現」といった科目で、待遇表現の使い方を教えるところはあるようです。

ものと位置づけられているからですね。その結果、敬語が使いこなせることは一定の教養と良識の持ち主であることの象徴のように見られることがあります。

最初に述べたように敬語に対する一般の関心は低くないのですが、これはきちんと学ぶ機会がないからでしょう。近年の国語教育では話しことばに重点を置くようになってきましたが、敬語についても体系的に学ぶ機会をもうけたほうがいいかもしれませんね。

ただし、分析する能力と使いこなす能力は別ですから、古典文法の時のように尊敬・謙譲・丁寧と機能別に分けることだけを覚えても適切な表現が出てこなければ意味はありません。敬語の使い方は、大学などの就職対策や企業の社員教育で、電話の応対マナーや一般常識などといっしょに学ぶことが少なくありませんが、これも国語教育のなかで十分な位置づけを与えられておらず、言語教育の外側にあるという認識が存在することを示しているといえますね。

敬語は難しいと言うけれど、相手に失礼のないようにすればいいのだったら、常に尊敬語で話していればいいんじゃないか、とばかげたことを考える人はいないかもしれませんが、敬語の難しさは一本調子で使うだけでは用をなさない点にあります。敬語を、「絶対敬語」と「相対敬語」に分けることがありますが、絶対敬語とは使うべき対象と表現が決まっていて、話し手と聞き手に関わりなく指定された形式を使うものです。主に天皇に対する敬語などが絶対敬語になり、「行幸《みゆき》」などは天皇の「お出まし」の場合にしか使いません。これは、話し手・聞き手の関係などとは関わりなく、対象と表現が固定しているものですが、多くの敬語は話し手と聞き手の関係を反映して、また、その状況や表現の意図をふまえて、表現を選ぶ「相対敬語」です。つまり、尊敬語といえば自動的に使うべき表現が決まるようなものではなく、聞き手と自分（話し手）の関係、また、話題の人物との関係、そのときの状況をふまえながら、もっとも適切な敬語表現を選んでいかなければならないのです。

もちろん、ずっと同じような敬語を使い続けていても十分な敬意は伝わりませんし、必要以上に丁寧にすると「慇懃《いんぎん》無礼《ぶれい》」などということばがあるようにかえって失礼にもなりかねません。相手と自分との関係やさまざまな状況を計算しながら瞬時に適切な敬語を使うことは至難の業です。難しいからといって敬遠されるのも無理はないのかもしれません。

日本語の主な敬意表現

上代語を見ると丁寧語は出てきません。丁寧語は中古以降、謙譲語から分化して発達したものだといわれています。尊敬語にこの二つを加えた三つの敬語分類は、伝統的なものですが、近年、これに「美化語」を加えて四つに分けることもあります。表にして示すことにしましょう。

種類	機能	例
尊敬語	話題の人物・動作主などを他より高めて示す形式で、話題の人物・動作主に対する敬意を表す。	いらっしゃる・ご覧になる・お食べになる・ご高齢だ
謙譲語	動作主などを他よりも低く示すことで、動作の受け手（被動主）などを高めて表現する形式で、動作の受け手に対する敬意を示す。	参上する・拝見する・いただく・さしあげる・ご説明申し上げる
丁寧語	話し手が聞き手との関係をもとに選択する形式で、発話をより丁寧な表現にするもの。話し手の聞き手に対する敬意・配慮を示す。	行きます・高齢です・大丈夫でございます
美化語	言語表現自体をより品位と品格のあるものにするために選択する形式。敬意を示すためのものではなく、言語を美しく麗しく見せるためのもの。	おリンゴ・おビール・ご本

これらは、いずれも敬意や重んずる気持ちや品位を示すためのものですが、逆の働きをするものも考えられます。例えば、軽卑・軽蔑など軽んずる気持ちを表したり、尊大な言い方にしたり、品格を落とした言い方にすることもありうるわけです。これは、マイナス敬語などと言われることもありますが、尊敬・謙譲・丁寧・美化に対応するような組織的なものにはなっていません。「行く」に対する「行きやがる」は尊敬の反対の

はたらきをしている侮蔑語でしょうし、「食べる」に対する「食べてやる」は謙譲の反対のはたらきをしている尊大語と言えるでしょうが、「…てやる」はもともと尊大さを表すためのものではなく、語用論的にそういう意味が出てきたものです。「子供」に対する「がき」は美化の反対のはたらきをしている軽侮語と言えるでしょう。

また、敬語の難しさは、これらを組み合わせて使わなければならないことがあるという点でしょう。単品で使う場合ももちろんありますが、組み合わせて使うことが少なくありません。例えば、「いらっしゃいます」は《尊敬語＋丁寧語》ですし、「拝見します」は《謙譲語＋丁寧語》ですね。「部長は社長室にすぐに参上された」と言う場合、「参上・された」は《謙譲語＋尊敬語》ですが、「参上」という謙譲語は動作の受け手である社長に対する敬意、「される」という尊敬語は動作主である部長に対する敬意を表しています。「参上されました」とすると、《謙譲語＋尊敬語＋丁寧語》という三つの組み合わせになります。

自由自在に組み合わせていいように思えるかもしれませんが、必ずしもそうではありません。日常的に敬語を使う場面では、聞き手が動作主を兼ねているケースが少なくありません。この場合、聞き手への敬意は丁寧語で表し、動作主への敬意は尊敬語で示すことになるわけですが、尊敬語の使用よりも丁寧語の使用のほうが優先されます。つまり、「(あなたは)食べたか?」という主旨の場合、「(あなたは)食べましたか?」と丁寧語だけで聞くことは可能ですが、「★???(あなたは)召し上がったか?」と尊敬語だけで聞くと

★もしかしたら、時代劇のセリフには出てくるかもしれませんが、現代語ではまず聞かれることがありません。???は「きわめて不自然」というしるしです。

不自然になります。もちろん、「召し上がりましたか？」と《尊敬語＋丁寧語》にすればば問題がありません。

敬語の難しさは、「もう召し上がりましたか？」と尊敬語を使われたら、「おいしくいただきました」と謙譲語★で返す必要がある点でしょう。つまり、適切な対応をするには、尊敬語と謙譲語をセットで知っておく必要があるわけですし、とっさにそれを使いこなせないといけないわけです。

敬意表現の変化

「いただく」は本来謙譲語ですから、「ご飯をいただく」と言う場合には、ご飯を出してくれた人や作ってくれた人への敬意を示しつつ、自分の「食べる」という動作を低めて表現しているわけです。しかし、「食べる」と「いただく」は単に通常の言い方と謙譲語という違いだけではなく、謙譲語であることによって「いただく」のほうが上品な言い方に感じられるという違いもあります。「お昼ご飯、いただかなかったの？」は、謙譲語と尊敬語を混同しているとすれば誤用なのですが、「ご飯を食べられるというのはありがたいことだ。作った人に感謝してありがたくいただく」という意味合いで考えれば、謙譲語を使うだけの理由がありますから、誤りというようなものではなく、「お昼ご飯、食べなかったの？」の上品な言い方と見るべきでしょう。ただし、これも、自分が作ったご飯について「早く、いただいてください」と言うと謙譲語を使うべき理由

★もちろん、相手との関係次第では謙譲語を使わないで、「ああ、食べたよ」だけでいいケースもあるでしょう。

がないので不適切なのです。
「先生はあの展覧会を拝見されましたか」を半数以上の人が正しいと感じるという調査結果もあるのですが、これも「拝見する」★という謙譲語を使うだけで品のいい言い方になっているような気がして満足してしまうのかもしれません。本来は、「ご覧になる」と尊敬語を使うべきケースなのですが、謙譲語と尊敬語の混同は少しずつ広がってきているといえそうです。

本来敬語は、話し手と聞き手の人間関係のなかで適切な「ことばの上の待遇」を与えるべきものなので、ある場面で何が適切な表現になるのかは、場面と人間関係に依存しています。日本語学者や言語学者は、敬語の一般原則は分かりますが、個々の人間関係までくちばしをはさむ立場にはありません。ある程度の誤用があっても、当事者間で問題としなければそれでいいことになってしまいます。例えば、「お客様が参られました」というのを聞いて、「お客様がいらっしゃいました、でしょ！」と怒る人もいるかもしれませんが、とにかく敬意を表そうとしている心ばえに免じてとがめないという判断もありえるのでしょう。「受付のほうでうかがっていただけますか？」と言うのも、「うかがう」という低めた言い方をされているのですが、丁寧に上品に表現しようとした上での誤りとして見逃すことも多いでしょうし、敬語の使い方で親しくない人に文句を言うことのほうが不作法だと思う人も少なくないはずです。敬語の誤用に対する許容度が高いのはこういうことと関係がありそうです。

★文化庁による「国語に関する世論調査」（平成一一年度）によると、五十五・五％の人が「正しく使われていると思う」と回答しています。同じような「「お客様が参られています」という誤用については、「正しい」とした人は二十一％でした。

また、敬語は多用され、長期間使われているうちに、徐々に使い減りして、あまり敬意を感じられないようになります。このため、必要以上に敬語を重ねた過剰敬語が用いられることがあります。「おいでになりますか」「お客様が見えました」で十分なのに、「おいでになられますか」「お客様が見えられました」のように言うケースですね。また、紋切り型の定型表現はそれだけで内実を伴わない言い方に響くこともあります。「光栄至極に存じます」「ご笑納いただければ幸いです」などは、特定の場面での決まり文句という印象があるため、きわめて敬意の高い言い方であるにもかかわらず、それほど強い敬意を感じないこともあるでしょう。

新しい待遇表現

小中学生のうちは、さまざまな言い方を使い分ける必要に迫られないかもしれません。同級生・先輩・後輩・先生★・家族との会話では、おそらく敬体（デス・マス調）と常態（ダ・デアル調）の使い分けで十分でしょう。俗に「タメ口をきく」というのは、敬体、つまり、丁寧語を使うべきところで使わないことですね。尊敬語・謙譲語というやっかいなところから丁寧語に重点が移ってきたのかもしれませんし、聞き手への配慮のほうに重点が置かれるようになったのかもしれません。上古には丁寧語はなかったわけですから、現代語で尊敬・謙譲語以上に重用されているとすれば、歴史的には丁寧語の大躍進といっていいでしょう。

★昔は、中学高校では、生徒は先生に尊敬語を使うのが普通だったのですが、いつのころからか、丁寧語を使えば十分という状況になっているようです。先生の権威がなくなったのか、近づきやすい存在になったのか、学校が民主化したのか分かりませんが…。

最近、喫茶店やレストランで「こちらがスパゲッティになります」という言い方がよく聞かれるようになりました。「なる」は本来変化の意味ですから、そのまま「何かがスパゲッティに変化する」と解釈しようとするとおかしなことになり、違和感を覚える人もいるわけです。しかし、これは「スパゲッティです」と言い切ると丁寧さが足りないものの、「スパゲッティでございます」と言うと古風で大げさな丁寧さを感じる若年世代が見つけだした丁寧さの妥協点だと考えるべきでしょう。

「お」や「ゴ(御)」は美化の接頭辞で、ものを丁寧に上品にするときに使うと理解されていることが多いのですが、とにかくつければいいわけではありません。「お車が参りました」は言えても、「※私のお車で参りましょう」は変ですね。これは、「お」「ゴ」が相手の所有物や所属物に対する敬意を表す働きをしているからです。「お車」は相手の方がお乗りになる「車」だから敬意を示すことに問題がないわけですが、私の所有物である「車」を「お車」と言うのはおかしいわけです。相手に「ご連絡」を差し上げるのは問題ないわけですが、「部下からご連絡をもらいまして」のように言うとおかしいですね。これは「連絡」の発信者たる部下や受信者たる自分に敬意が向く言い方だからです。

「お」や「ゴ」をつけた言い方は、「お(ゴ)…になる」という尊敬語や「お(ゴ)…する」という謙譲語を作るのですが、最近はこのあたりの原則が崩れてきています。「死ぬ」ことを意味する「逝去する」は尊敬形では「ご逝去」とすべきですが、「ご★逝去

★これは「ご逝去する」に尊敬の助動詞「れる」をつけたものですが、「ご逝去する」そのものが謙譲表現なのでおかしいのです。

される」でも正しいと判断する人が七割を越えています。「お客様をご案内してください」はお客様に対する敬意を「ご案内する」という謙譲語で表しているので正しいですが、「その方を私にご紹介してください」は「ご紹介する」という謙譲語の敬意が紹介を受ける自分に向いているため不適切なのです。「ご…いただく」という言い方は、相手に自分のために何かしてもらうことを意味する謙譲表現ですから、「その方を私にご紹介いただきたいのです」のように言えば正しくなります。

近年、多用されるのは「休業させていただきます」「値上げさせていただきます」などの「…させていただきます」のたぐいですが、これは、「勝手なようですが、お許し願って…させていただきます」という心理を反映しているものでしょう。つまり、許可を得たいという謙虚な気持ちを表しつつ、「…させていただきます」と一方で宣言しているわけです。さらに、「この間新聞で先生の記事を読ませていただきました」「表彰を受けさせていただきました」のように、特に許可を求める必要がない状況でも使うようになっていますね。これは、いわば過剰な敬語の用法なのですが、出しゃばった感じがしないようにより控えめに表現しようという心理の現れなのでしょう。

章末問題

Q12

問1　あなたの方言で標準語の単語には置き換えられない単語があれば、探してください。そして、その微妙なニュアンスまで伝わるように説明するにはどう言えばいいか考えてみてください。あなたが東京方言の話者なら、「手袋をはく（＝はめる）」「ゴミを投げる（＝捨てる）」「靴をふむ（＝はく）」など、東京方言にもあるものの使い方が異なる他方言の言い方を調べてみてください。

問2　地形が分かる日本の地図をお持ちですか？　地図を見ながら、方言の切れ目と地形になにか関係があるか調べてみてください。

Q13

問1　近年、女性のことばと男性のことばの違いが小さくなってきたと言われています。具体的にどういう変化があったか指摘してください。また、その変化は、どちらかがもう一方のことばに近づいたのでしょうか？　それとも男女のことばが同じような方向に変化したのでしょうか？　分析してください。

問2　本来起伏式アクセントの単語を平板式で発音する場合には、「クラブ」のように起伏式と平板式で意味が違う場合と、新しいとかおしゃれとか専門的というニュアンスが加わる程度で意味が具体的に違うわけではない場合とがあります。それぞれの例を三つずつ探してください。そして、前者のような意味の微妙な差には何か法則性がないか検討してください。

Q14

問1 駅に「線路にものを落とした方は申し出てください」と張り紙がしてあったのを見て、ある客が『「申し出て」と謙譲語を使うのはおかしい。「おっしゃってください」と尊敬語を使うべきじゃないか』と怒っているのを見たことがあります。さて、この怒りは正当なものでしょうか、それとも的外れでしょうか？　理由を示しながら、答えてください。

問2 近年、「ここで、お肉にちょっと切り込みをいれてあげると味がよくしみこむんですよ」などと、従来はなかった「あげる」の使い方が出てきました。なぜこういう使い方が出てきたのか理由を分析してください。また、違和感があるという人は違和感を覚える理由を分析してください。

第五章

日本語学とは？

Q15 日本語学と国語学は同じですか?

かつて、大学には「国文学」や「国語学」を学ぶ授業がたくさんありましたが、今では、「日本文学」や「日本語学」を学ぶ授業に変わっています。これは、ごく単純な名称変更でもありますが、そう変えたほうがいいと判断した背景もあるのです。

国語と日本語

「国語」と「日本語」は同じものを指しているように一般に理解されていますが、実は微妙に違います。英語や中国語、デンマーク語やタガログ語という他の言語と比較する場合は、「日本語」をたいてい使っています。この場合、「日本語」という言い方のほうが、客観的で科学的な捉え方だという判断があるわけです。一方、「国語」はやはり、日本という国、日本国民の言語という意味から逃れることができません。

明治以降、日本が近代国家の体裁を整えていく過程で、日本国全体を統一的に統治し、国民の心を一つに束ねるには、ことばの統一も必要でした。そのために標準語を整備し、国民の言語である国語を習得することが国民の努めであるという方針を貫いたわけです(第一章Q3参照)。そのためには、国語は伝統があり、権威があるものでなければなりません。そして、国内のアイヌ語の話し手にも同化政策をとり、植民地化した朝鮮半島や台湾などでも同様の政策をとりました。国威発揚と近代化政策の上では、「国語」という考え方が必要であり、中央集権化の装置として「国語」が使われていたわけです。国語が権威と威信をもつためには、それだけの内実と伝統がなければなりません。国民の教育レベルを高めるという実用的な目的と、国語の伝統的正当性が重要な二本の柱になります。

また、現在でも話しことばより書きことばのほうが一定の形式を備えていて、品位や格調があり、法律や契約などに用いられる正式なことばという印象がありますよね。確かに、話しことばは発すれば即座に消えるものであり、その場で意思が伝われば多少の言い間違いや破調★・破格はそれほど問題にはなりません。書きことばは記録性・永続性をもっていることが多いので、それなりの品位と正確さをもっているのが普通です。この結果、「話しことばは書きことばのくずれたものだ」とする誤解も広がってしまいました。言語の基本は話しことば(音声言語)にあるのであって、書きことば(書記言語)は話しことば(音声言語)の二次的な派生発展形態に過ぎません。しかし、権威ある国語が求められた時代には、書きことばに重点が置かれました。

現在の若者は、話しことばの表現力に強い関心があるようですが、これは書きことばの呪縛が解かれた結果と見るべきでしょう。国語の呪縛から自由になっているという意味では歓迎すべきことでしょうが、書きことばの能力を軽んじてもいいというわけではありません。

いずれにせよ、権威ある国語という方向性から書きことばに重点が置かれ、話しこと

★ここでは、表現上の一貫性を失なうことや統一性をくずしてしまうことを「破調」と言い、文法規則に違反していることを「破格」と言うことにします。

ばは二の次でした。このため、国語の研究も文献による研究が中心であり、文法もまず文語（文章語）の文法が優先で、口語の文法は文語文法のあとという順番でした。これは単に順番の違いにとどまりません。というのは、たいてい口語の文法にも文語文法の枠組みをそのまま当てはめようとすることが多かったからです。方言や話しことばの研究が必要なことは認識されていたのですが、後回しになるのは避けられませんでした。

戦後は「国語」といっても、国家の近代化政策という意味合いは薄れてきました。しかし、「国語学」と言うと、やはり「国語」の研究ですから、科学的な方法論に従って研究していても、ある種の印象が伴います。また、従来軽視されることの多かった話しことばの研究が近年社会言語学や語用論やコミュニケーション研究などの分野で進み、日本語の研究が文献中心の書きことばに重点を置いた研究だけではなくなってきました。そして、国際化の時代になり、日本語を日本語としてだけ見る研究ではなく、他の言語との関係で客観的に捉える姿勢も重視される方向への変化も見られたのです。「国語」に伴う従来の印象から離れ、文献と音声のバランスをとるような研究を国際化の時代にふさわしい形で進めるための名称として「日本語学」のほうが「国語学」よりも適していると判断したのは合理的な根拠があったといえるでしょう。

「国語学」と言うと、文献研究中心という古めかしいイメージがあるのはこういう事情によりますが、もちろん、文献をもとにした古い時代の研究も重要なのはいうまでもありません。現代の若者のことばも日本語ですが、上古の文献のことばも日本語なのです。要は、全体を把握できるような、バランスのよい研究がなされることが重要だと考えればいいでしょう。

国際化と日本語

国際化の時代には、日本から外国に行く人も、また、外国から日本に来る人も増えます。いずれのケースにおいても、日本語に対する客観的な姿勢と日本語に関する科学的な知識が重要なのはいうまでもありません。西洋語を仰ぎ見て、途上国の言語を見下すような姿勢は、いうまでもなく不適切な偏見に満ちたものですが、この種の偏見は、ことばに対する無知の上にはびこることが多いものです。その意味でも、自らの言語である日本語に対して客観的・科学的な知識をもつことは重要だといえます。

日本語を母語とする人が外国語を学ぶ場合にも、自分が日本語をどう発音しているかを客観的に知っていることは役に立ちます。習うより慣れろという姿勢も大事ですが、自分の話していることばのことが分かっていないのでは、効率よく外国語を学ぶこともおぼつかないでしょう。

また、日本にやってくる外国人も日本に住む外国人も増えます。たとえずっと日本に住んでいても、英語・フランス語・ドイツ語・中国語・朝鮮語・ロシア語・タイ語・インドネシア語・タガログ語★・ヒンディ語・ベンガル語★・スペイン語・ポルトガル語・アラビア語・ペルシア語・スワヒリ語★など、さまざまな外国語を耳にする機会は増えるで

★フィリピンで最も有力な言語です。ピリピノ語と言うこともありましたが、今はタガログ語というのが普通です。
★バングラデシュの公用語ですが、インド国内にも話者がいます。
★ケニア・タンザニアの公用語ですが、アフリカにおける共通語的な側面ももっています。

しょう。日本語を学ぼうとする外国人に対する日本語教育も、今後重要性は増していくことが考えられます。

母語話者であればそれだけでその言語の先生になれるというわけではありません。日本語を母語とし、普段使っていても、うまく説明できないことはたくさんあるものです。例えば、「思います」と「思っています」、「できます」と「できています」はどう違うかといった文法的な問題、「いいですか」と「いいんですか」の違いといった語用論的な問題、「やぶる」と「やぶく」の違いといった語彙的意味論の問題など、さまざまあるものなのです。

外国人に日本語を教えるためには、教える技術とともに日本語についての科学的な知識が不可欠です。そして、その知識は日本語話者が外国語を学ぶときにも重要な意味をもちます。同じ母語の学生を対象に日本語を教える場合には、その言語との違いを知っておく必要があるでしょう。

例えば、朝鮮語には日本語と同じような格助詞がありますから、格助詞という概念やその機能を一から朝鮮語を母語とする学生に教える必要はありません。もちろん、個々の格助詞の機能と用法は覚えてもらう必要がありますが、「格助詞とは何か」から始める必要はないわけです。しかし、格助詞の存在しない言語の話者には、格助詞というものの概念から理解してもらう必要があります。これは教授法の問題でもありますが、「対照言語学」の知識の問題でもあります。

日本語学と言語学

この本にも何度か「言語学」ということばが出てきました。言語学はまさに、ことばを研究する学問のことですから、日本語学も言語学に含まれるのではないかと考えるのは自然なことです。そして、広い意味の言語学、言語研究には、当然、日本語学も国語学も含まれます。

言語学は、すべての言語を対象とした各分野★、音韻論・形態論・統語論・意味論・語用論からなっています。このほかに、ことばの歴史を扱う歴史言語学★、ことばの発達と心理などを扱う心理言語学、社会的に不均質に分布することばを研究する社会言語学、言語と文化の関係を研究する人類言語学、言語の類型と普遍傾向を研究する言語類型論、理論的な研究の成果を第二言語(外国語)教育に応用することを目的とする応用言語学などさまざまな領域があります。また、言語と言語を対照して研究する対照言語学★という領域もあります。もちろん、これらのいずれも分野・領域でも日本語の研究が可能であり、また、必要です。

日本語の発音の傾向もアクセントなどを中心に変化が見られますが、これを扱うのは日本語音声学ということになります。また、seat, sheet, sweet を「シート」「スィート」「スイート」などと書き分けるべきかという問題の解決には日本語音韻論の知識が必要ですし、「山々」という語はあるが「*川川」「*海海」という言い方がないことや「ひき」が「一匹・二匹・三匹…」では「ぴき・ひき・びき」と変化することは日本語形態論が

★これに「文字論」を加えることもありますが、文字をもたない言語もあり、音韻論に含めて考えることもあるのでここでは入れませんでした。このほかに、ことばの基本的性質を扱う分野が必要です。「言語基礎論」あるいは「言語本質論」とでも言えばいいと思いますが、あまり重視されていないのが現状です。

★歴史言語学のうち、系統関係の研究、祖語の復元を行うものを「比較言語学」と言います。

★対照して研究するということは、言語どうしを比較するわけですが、「比較言語学」とは別に比較する場合は「対照言語学」なのです。日本語と英語を対照する日英対照言語学、日本語と中国語を対照する日中対照言語学など、さまざまな対照研究がありえるでしょう。

扱うことになります。

　赤ん坊が日本語を母語として習得する過程は心理言語学で研究することになります。英語の習得研究では、動詞はまず原形（不定形）を習得し、そのあとに過去形や現在分詞・過去分詞を習得するといわれていますが、日本語の場合、タ形のほうが先に習得されることが多いことが分かっています。また、脳梗塞などで脳の言語野★を損傷されると言語能力の一部（または全体）が失われることがありますが、これもリハビリなどで言語能力を取り戻すケースがあるのです。その場合には、症状に合わせて訓練の計画を立てる必要があるわけですが、その際にも日本語についての科学的な知識は役に立つでしょう。

　日本語を外国人に教えるという場合、中心となるのは応用言語学の知見であり、日本語の音韻・形態・統語・意味・語用にわたる知識ですが、社会言語学や心理言語学の知識ももっていることが望ましいでしょう。また、他の外国語の知識も重要ですから、言語類型論、対照言語学についても学んでおくべきでしょう。これらの知識は、日本語を偏見や思いこみなしに捉える上でも意味があります。

　日本語学は、日本語を対象とする言語研究と定義できるわけですが、自分たちのことばについて考察を加えるということは今に始まったことではありません。万葉仮名の使用や上代特殊仮名遣いは漢字という外国語の文字で日本語の音声を表そうとした結果生じたものですから、日本語についての観察と考察の産物といえるかもしれません。中古

★右利きの人はほとんどの場合左脳に言語野が存在します。理解に関わるウェルニッケ領が側頭部、発話（言語産出）に関わるブローカ領が前頭葉にあることが分かっています。

以降、悉曇《しったん》学という、★梵語《ぼんご》・梵字《ぼんじ》に関する学問が導入され発達しますが、これはいわば外国語の研究ですから、翻って日本語を客観的に捉える契機にもなりました。仮名という文字の発生と発達は音韻をどう表記し分けるかの問題と密接に関わっていますし、梵語や漢語という外国語の研究も日本語の音韻を捉える上で意義があったのです。

近世にも、本居宣長らを中心とする形態論研究が見られますが、この時期、用言の活用体系はかなり完成度の高いレベルで整理されていたといっても過言ではありません。明治以降は、西欧の言語研究が紹介されるとともにさまざまな文法研究がなされたのですが、学校文法に影響を残す橋本文法以外にも、山田孝雄や松下大三郎らの研究もさまざまな形で現在の日本語学に影響を及ぼしています。

このように、日本語の研究の歴史、特に、学説史としての研究の流れを扱う分野は、これまで「国語学史」と呼ばれてきましたが、日本語学の観点を大いに取り入れた「日本語学史」という段階に進むべき時が来ています。日本語学史は、終わってしまった過去の研究を眺めたり、整理したりするだけのものではありません。いま現在の日本語学がどういう流れを引き継いでいるのか、どういう方向性の結果として現在の研究があるのかを知る羅針盤としての役目を、日本語学史は果たすでしょう。

★梵語とは、インドで用いられていたサンスクリット語という古い時代のことばのことです。仏教用語のいくつかは中国語を経由して、梵語から取り入れられたものです。

問題 Q15

問1 話しことばには「標準語」の問題がつきまといますが、書きことばについては、日本語の場合、地域差は考えなくてもいいようです。なぜ、地域差は話しことばに強く現れ、書きことばではほとんど見られないのでしょうか？　この二つの形態の違いを念頭に置いて説明してください。

問2 二十一世紀の日本語教育は、日本語を母語とする人々に対する教育（国語教育）と日本語を母語としない人々に対する教育（日本語教育）がうまく連関するように進める必要があるでしょう。どういう方向性が必要か、また、それを実現するために何をしなければならないかを、系統立てて提案してください。

さらに勉強したい人のための参考文献

日本語学は、日本語に関するさまざまな研究の総合的領域で、いろいろな分野に分かれています。関心を寄せる分野やテーマも多岐にわたります。また、日本語学という学問は奥深く、関連する書籍もたくさんあり、どれを読めばいいのか迷ってしまうことでしょう。ここでは、いくつかの分野ごとに文献を紹介しますので、参考にしてください。

『世界の言語と日本語』（角田太作、一九九一年、くろしお出版、三〇〇〇円）

世界中のさまざまな言語との対照という観点から日本語を論じた本です。日本語のなかから日本語を見ていると、本当の特徴は見えてきません。外側から日本語を見ると本当の特徴がよく見えてくることがあります。さまざまな言語の例も多く参考になるでしょう。「日本語は特殊な言語ではないが、英語は特殊な言語だ」という主張は、データに裏打ちされており、なかなか説得力があります。

『日本語文法ハンドブック』（松岡弘監修、庵功雄・高梨信乃・中西久美子・山田敏弘著、二〇〇〇年、スリーエーネットワーク、二二〇〇円）

日本語を外国人に教えるための文法要覧として便利です。日本語を学ぶときに必要な項目がほとんど網羅されており、また、それぞれの項目で難しいところ、ポイントになるところが分かりやすく示されています。項目の配列法や説明の仕方についても、これまでの文法研究の成果をきちんと取り入れてあります。通読するのには向かないかもしれませんが、必要なときに開くと役に立つでしょう。

『展望　現代の方言』（真田信治編著、一九九九年、白帝社、二二〇〇円）

現在の方言研究のさまざまな領域について知ることができる本です。第二部は、方言学の新しい知見を盛りこみながら、音声・語彙・文法・地図など各分野ごとに解説がなされており、現在どういう形で研究が進められているか概観できるでしょう。また、第3部は類書にはあまりない周辺的な分野、例えば、方言と演劇、方言と放送などの関連分野を扱っています。

『国語の歴史』（築島裕、一九七七年、東京大学出版会、一九〇〇円）

古い時代の日本語の音声・文字の成立と変遷・活用や文法の研究の流れなど、日本語の歴史を研究する上で必要なことを扱っています。日本語の歴史的な研究は、一見、とっつきにくいところもあるのですが、実はロマンあふれる領域でもあるのです。この本は、厳密な文献読解の方法論を背景にしているので、ややレベルは高いですが、日本語の歴史を考える際に何を知っておくべきなのか、何を問題とするのかがよく分かります。

『「国語」という思想』（イ・ヨンスク、一九九六年、岩波書店、三〇〇〇円）

近代日本において、国家語としての「国語」という概念がどのように形成されてきたのかを、言語政策の方向性と国語学者の関わりという観点から実証的に論じている本です。言語が、国家のなかでどう位置づけられ、どう価値づけられていくか、また、言語が政治的に中立な無色透明の存在ではいられないことがよく分かるでしょう。

『日本語ウォッチング』（井上史雄、一九九八年、岩波新書、六六〇円）

現在進行中の日本語の変化を捉えた本で、新しいことばの発生のメカニズムや新しいアクセントの広がり、敬語の変化など、どのトピックも大変面白いものです。「やっぱし」などはすでに江戸初期に使われていたことが分かるなど、多様なデータを駆使して、現代日本語に見られる主要な変化の方向性を解説しています。

『日本語の音韻とアクセント』（中條修、一九八九年、勁草書房、二四〇八円）

日本語の発音とアクセントに関する概説書です。この種の本は、各項目の記述の偏りがあることが多いのですが、この本は比較的バランスよくまとまっています。音韻論や音声学についてそれほど詳しくなくても日本語の音声について概略を知ることができるでしょう。

『言外の言語学――日本語語用論――』（小泉保、一九九〇年、三省堂、三〇〇〇円）

副題に「日本語語用論」とあることから分かるように、日本語を対象言語とする語用論の本です。この本の価値は、なんといっても、現時点では日本語についての語用論の本がほかにないということでしょう。現在出ている語用論の本は、翻訳か、さもなくば英語を対象言語とするものばかりなのです。内容的に、やや趣味に走っているきらいがないわけではありませんが、語用論でどういうことが問題になるのかを面白く読むことはできるでしょう。

『基礎日本語辞典』（森田良行、一九八九年、角川書店、四三〇〇円）

よく使う日本語の意味用法を詳細に解説した辞典です。「逆」「さかさ」「はんたい」「あべこべ」という単語のそれぞれの意味の違いは、普通の国語辞典で分かるわけですが、これらがどう違っているのかは国語辞典では分からないことが多いものです。この辞典は、基本的な意味は何か、派生的な意味はどう生じたか、類義語との違いは何かなどを詳細に解説しています。辞書ではありませんが、意味分析の方法をより厳密に適用した記述としては、『ことばの意味一〜三』（一と二は柴田武編、三は國廣哲彌編、平凡社）があります。

『意味論の方法』（國廣哲彌、一九八二年、大修館書店、二二〇〇円）

意味論における実際の記述方法に関する本です。日本語だけでなく英語についても言及していますが、語彙の構造や分析手法などでは日本語の例もふんだんに取り入れられています。厳密な枠組みをふまえて論じていますから、手軽に読めるようなところばかりではありませんが、味覚語彙の体系など「ふーん、こんなふうに記述できるのか」と新鮮な驚きを覚えると思います。

『敬語』（菊地康人、一九九七年、講談社学術文庫、一二五〇円）

敬語は、社会常識やマナーの一部として扱われることが多いため、言語の専門家が書いた敬語の本は実は意外と少ないのですが、この本は、文法研究や日本語教育にも造詣の深い言語学者によるものです。敬語のしくみを体系的に理解する上で役に立つでしょう。体系的に理解する前に、個別の問題について知りたいときは、同じ著者による『敬語再入門』（菊地康人、一九九六年、丸善ライブラリー、七三八円）がいいでしょう。これは、Q＆A方式で各項目が完結しており、読みやすくなっています。

【方言名】

【人名】

●その他の項目(言語名・方言名・人名)

【た行】

【な行】

【は行】

【さ行】

索　引

INDEX

※言語名・方言名・人名は後ろのほうへ別項目としてこの順番でまとめてあります。

シリーズ・日本語《にほんご》のしくみを探《さぐ》る ④

日本語学《にほんごがく》のしくみ

2001年10月10日　初版発行
2010年 4 月12日　5刷発行

編　者
町田　健

著　者
加藤　重広

発行者
関戸　雅男

発行所
株式会社　研　究　社
〒102–8152　東京都千代田区富士見 2–11–3
電話　営業 03–3288–7777（代）　編集 03–3288–7711（代）
振替 00150–9–26710
http://www.kenkyusha.co.jp/

KENKYUSHA
〈検印省略〉

印刷所
研究社印刷株式会社

ブックデザイン
寺澤彰二

本文レイアウト・地図作製
古正佳緒里

ISBN 978–4–327–38304–6 C0081